나를 사랑하다

지친 마음을 위하여
나를 사랑하다

백진웅 지음

판미동

| 차 례 |

책 머 리 에   6

1부   나 자신에게 집중하라
　　　과정만 즐거워도 행복해질 수 있다   17
　　　목표 달성이 곧 행복은 아니다   22
　　　　• 진료실 풍경 : 내가 소중해요, 분노가 소중해요?   28
　　　나 자신을 존중하라   31
　　　유연한 마음을 가져라   36
　　　나와 내 것은 다르다   41
　　　　• 진료실 풍경 : 나보다 자존심이 더 소중해요   48
　　　행복을 두려워하지 말라   53
　　　외롭고 슬프면 외로워하고 슬퍼하라   58
　　　나에 대한 전문가는 나뿐이다   65
　　　　• 진료실 풍경 : 말이 쉽지 어떻게 그렇게 해요?   70
　　　과거도 미래도 현재보다 중요하지 않다   77
　　　지금 가진 것을 충분히 누려라   83
　　　세상을 탓하지 말라   91
　　　　• 진료실 풍경 : 자기 자신을 구속하지 마세요   98

약간의 부족함을 즐겨라 103
변화를 두려워하지 말라 109
자기 자신의 한계를 긋지 말라 116

- 진료실 풍경 : 세상만 보지 말고 나도 좀 봐 주세요 122

2부　나를 아끼고 사랑하라

'나 사랑'법 131
분노와 애정 결핍 141
나를 아끼고 사랑하는 방법 147

- 진료실 풍경 : 당신은 당신을 얼마나 사랑해 줬나요? 149

바라보기
뿌리 캐기
대화하기
바꿔 하기
쓰다듬기
채워 주기
허용하기

- 진료실 풍경 : 건강하고 싶으면 건강해질 행동을 하세요 200

인디언 기우제처럼 206

| 책머리에 |

※

　건강하고 행복한 사람이란 몸과 마음이 모두 조화롭고 균형 잡힌 사람입니다. 한의학 최고 경전인 『황제내경』에서 이상적 인간형으로 제시한 '음양화평지인陰陽和平之人'은 바로 이러한 사람을 가리킵니다. '음양화평지인'이란 신비롭고 특별한 초월적 존재가 아니라 바로 몸과 마음이 모두 조화롭고 균형 잡힌 사람, 즉 건강하고 행복한 사람을 가리키는 말입니다. 그런데 건강은 무엇이고 행복은 또 무엇일까요?
　건강이란 사람의 몸이 조화롭고 균형 잡혀 몸이 아프지 않고 활력에 가득 차 있는 상태를 말합니다. 행복이란 사람의 마음이 조화롭고 균형 잡혀, 혼란스럽지 않고 편안하며 즐거운 상태를 말합니다. 그럼 어떻게 하면 건강하고 행복해질 수 있을까요?

사람의 가장 근원적인 소망은 나의 건강과 행복의 성취입니다. 따라서 사람의 모든 행위의 바탕에는 나의 건강과 행복에 대한 추구가 깔려 있습니다.

행복이란 단어가 추상적으로 들린다면 만족감이란 단어로 바꾸어도 됩니다. 그렇게 하면 더 구체적인 느낌으로 이해가 될 것입니다. 어쨌거나 참 단순하지요? 그런데 문제는 대부분의 사람들이 이렇게 살지 못하고 있다는 것입니다. 도대체 왜 우리는 건강하고 행복하게 살지 못하고 있는 걸까요? 모든 사람이 건강과 행복을 원하는 것은 분명한데, 왜 주변을 둘러보면 건강과 행복을 누리며 사는 사람보다 질병과 스트레스로 불편을 겪는 사람이 훨씬 더 많은 걸까요?

사람들이 살아가는 모습을 수년간 관찰한 후 제가 내린 결론은 '사람들은 건강하고 행복한 삶을 얻기 위해 바쁘게 살고 있으면서도 실제로는 어떻게 해야 건강하고 행복해질 수 있는지 올바른 방법을 모른다.'라는 것입니다.

"모르긴 왜 몰라? 내 뜻대로 이루어지지 않으니까 문제지. 내 뜻대로만 되면 당연히 건강하고 행복해지지."라고 반박하는 사람도 있을 것입니다. 하지만 이런 사람 역시 올바른 방법을 모르는 것입니다. 특정 욕구가 충족되어야 행복해지리라 믿는 사람은 행복해질 수 있는 방법을 모르는 대표적 유형에 속한다고 할 수 있습니다.

이 외에도 행복의 방법을 모르는 여러 가지 유형이 있습니다만 모든 유형에는 공통되는 특징이 하나 있습니다. '내가 건강과 행복을 얻는 데 가장 많은 방해가 되는 것은 바로 나' 라는 것입니다. 더 정확하게 표현하면 성취에 방해되는 정도가 아니라 '가장 적극적으로 나서서 나를 괴롭히고 닦달하는 것이 바로 나' 입니다. '내게 가장 스트레스를 많이 주는 것이 바로 나이므로 내 건강과 행복의 가장 큰 방해꾼은 바로 나 자신이다.' 라니 참 황당하고 어처구니없는 말로 들릴 것입니다. 하지만 안타깝게도 그것이 우리가 당면한 냉엄한 현실입니다.

이런 현실에서는 어떤 좋은 약도 내게 건강을 가져다주지 못하며 어떤 좋은 환경도 내게 행복을 가져다주지 못합니다. 좋은 약과 좋은 환경이 일시적으로 질병을 호전시키고 불행을 덜어 줄 수 있을지언정 온전한 건강과 행복을 주지는 못합니다. 애초에 스트레스를 만들어 나의 건강과 행복을 막는 것이 바로 나 자신이기 때문에 내가 바뀌기 전에는 건강과 행복이 내게로 흘러들지 못하는 것입니다. 그럼 어떻게 해야 건강하고 행복한 삶을 누릴 수 있을까요?

'땅에서 넘어진 자 땅 짚고 일어서라.'라는 말이 있습니다. 문제 내에 해결책이 있다는 뜻입니다. 스트레스 역시 마찬가지입니다. 내게 스트레스를 가장 많이 주는 것이 바로 나입니다. 그러므로 스트레스를 받지 않고 건강하고 행복한 삶을 누리기 위해서는 내가 내게 스트레스 주는 것을 멈추어야 하고, 이를 위해서는 스트레스를 만들어 내는 내가 바뀌어야 합니다. 내게 스트레스를 주는 내가 스트레스를 주지 않는 나로 바뀌어야 합니다. 내가 바뀌지 않는 한 나는 결코 스트레스로부터 자유로워질 수 없습니다.

그런데 스트레스에 지친 많은 사람들이 자신의 스트레스를 친구가 해결해 주기를, 종교가 해결해 주기를, 연인이 해결해 주기를, 돈이 해결해 주기를, 이념과 철학이 해결해 주기를 믿고 기대합니다. 참으로 무책임하고 불합리한 생각입니다. 내 마음속에서 내가 만들어 낸 스트레스를 애꿎은 친구와 종교와 연인과 돈과 이념과 철학더러 해결해 달라 책임을 떠넘기는 격인데 이들에게는 그러고 싶어도 그럴 능력이 없습니다. 돈, 성공, 철학, 이념, 연애, 종교, 친구는 잠시 스트레스를 잊게 만들고 또 줄여 줄 수는 있지만 스트레스를 근본적으로 해결해 주지는 못합니다. 내가 지속적으로 새로운 스트레스를 계속 만들어 내기 때문입니다.

그러므로 스트레스에서 벗어나 건강하고 행복한 삶을 누리기 위해서는 결국 내가 바뀌는 수밖에 없습니다. 내가 허용하지 않는 한 그 무엇도 내 마음을 바꿀 수 없기 때문에 결국 나 스스로가 바뀌는 수밖에 없습니다. 나의 몸과 마음을 닦달하고 괴롭히는 것을 멈추고 대신 나를 아끼고 사랑해 줘야 합니다. 이것이 스트레스에서 벗어나 건강과 행복을 누리며 살 수 있는 가장 효율적이자 유일한 방법입니다.

스트레스를 주는 것도 나이고, 해결하는 것도 나이기 때문에 모든 초점이 나에게 맞춰져야 하는 것입니다.

고대 인도에 아주 존경받는 위대한 제사장이 한 명 있었습니다. 이 제사장은 고양이를 무척 좋아해서 검은색 고양이 한 마리를 기르고 있었습니다. 그런데 한 가지 문제가 있었습니다. 일 주일에 한 번씩 마을 사람들을 모아 놓고 신에게 제사를 지냈는데, 이때마다

고양이가 신전 안을 돌아다녀 여간 신경 쓰이는 것이 아니었습니다. 그래서 제사장은 제사가 있는 날이면 늘 고양이를 신전 입구 기둥에 묶어 두었습니다.

세월이 흘러 제사장도 죽고 제사장이 기르던 고양이도 죽었습니다. 하지만 검은 고양이는 제사장이 죽은 지 수백 년이 흐른 후에도 여전히 제사 때마다 신전 입구 기둥에 묶여 있었습니다. '위대한 제사장이 신에게 제사를 드릴 때마다 신전 입구 기둥에 검은 고양이를 묶어 두었던 것은 뭔가 특별한 의미가 있어서일 것이다.'라고 생각한 후대 제사장들이 그것을 하나의 예식으로 정형화하여 고양이가 죽으면 일부러 새로 검은 고양이를 구해 제사 때마다 신전 입구에 묶어 두었기 때문입니다.

애초에 제사에 방해받지 않기 위해 고양이를 신전에 묶어 둔 일이 시간이 흐름에 따라 어느새 제사의 중요한 한 부분이 되어, 고양이가 없으면 제사가 진행되지 않을 정도로 강력한 전통이 된 것입니다.

지금 우리 사회에는 제사장의 검은 고양이처럼 말도 안 되는 일이 오래전부터 일상적인 삶의 방식으로 받아들여진 경우가 많습니다. 그중에서 가장 불합리하고 안타까운 것은 바로 '여러 가지 이유로 나를 들볶고 힘겹게 하는 일이 너무나 당연시 되어 있는 것'입니다다. 성공을 위해, 이념을 위해, 종교를 위해, 돈을 위해, 명예를 위해, 자존심을 위해, 심지어는 행복을 추구한다는 명목으로 나를 닦달하고 몰아붙임으로써 자신에게 스트레스 주는 것을 당연하게 받아들이고 있습니다. 스스로에게 스트레스를 주며 살아야 올바르고 열심히 산다고 생각합니다. 나를 편하게 해 주고 즐겁게 해 주는 삶은 마치 최선을 다하지 않고 현실에 안주하며 인생을 낭비하면서 사는 것으로 여겨질 정도입니다. 이처럼 자신에게 스트레스 주는 것이 당연하게 여겨질 정도로 강하게 공통 상념화되어 있습니다.

그렇다면 어떻게 해야 이런 상황에서 벗어날 수 있을까요? 만약 사람들이 제사 때마다 신전에 묶여 있는 검은 고양이의 진실을 안다면, 더 이상 검은 고양이를 신전에 묶어 두는 어리석은 일은 하지 않을 것입니다. 오랫동안 반복되던 익숙한 상황이 바뀌는 데서 오는 약간의 심리적 저항과 어색함은 있겠지만 결국 고양이를 묶어 두는 전통은 사라질 것입니다.

마찬가지로 내가 내게 가장 큰 스트레스를 준다는 현실을 직시하게 되면 결국 이러한 행위를 멈추고 내게 건강과 행복을 주는 올바른 방법을 선택하게 될 것입니다. 진정으로 내가 원하는 것은 바로 나의 건강과 행복이기 때문입니다.

이처럼 지금까지 내가 어떤 식으로 스스로에게 스트레스를 주며 자신의 건강과 행복을 방해해 왔는지를 아는 것은 기존의 패턴에서 벗어나 스스로에게 건강과 행복을 선사하는 첫걸음이자 지름길입니다.

이 책은 내가 얼마나 나 자신의 몸과 마음을 닦달하고 괴롭히고 있는지, 어떻게 해야 이를 멈추고 진정으로 나를 아끼고 사랑할 수 있는지, 그리고 '나 사랑'의 결과가 나의 삶을 얼마나 건강하고 행복하게 바꾸는지 밝혀 놓은 일종의 임상 보고서이자 지침서입니다.

아무쪼록 이 책을 읽으시는 모든 분이 내 삶의 주인으로써 건강하고 행복한 삶을 누리시길 바랍니다.

1부
나 자신에게 집중하라

건강하고 행복한 삶을 누리며 살기 위해서는
무엇보다도 '나'에 초점을 맞추어야 합니다.
왜 그래야만 할까요?
나만이 내게 온전한 건강과 행복을 줄 수 있기 때문입니다.

과정만 즐거워도 행복해질 수 있다

고생 끝에 낙이 온다는 뜻의 고진감래苦盡甘來라는 말이 있습니다. 현재는 비록 어렵고 힘들어도 꿋꿋이 견디고 노력하다 보면 만족스런 결과를 얻을 수 있다는 뜻으로, 수험생, 운동선수, 사업가 등 목표를 향해 노력하는 사람들을 격려하고 채찍질할 때 많이 쓰입니다.

그런데 문제는 이 말이 절대적 진리로 받아들여지고 있다는 점입니다. 물론 고진감래라는 말이 틀린 말은 아닙니다. 원하는 바를 얻는 과정에서 어려움이 수반될 수도 있습니다. 경우에 따라선 뼈를 깎는 고통과 시련을 견뎌야 할 때도 있습니다. 하지만 반드시 고난과 역경을 겪어야만 원하는 바를 얻을 수 있을까요? 즐겁고 행복한 과정을 통해서는 얻을 수 없을까요?

고진감래 사상(?)이 우리 삶에 미치는 영향은 의외로 큽니다. 얼마 전 저는 친구 대여섯 명과 함께 도봉산 등산을 간 적이 있습니다. 평소 등산을 그다지 즐기지 않는 저는 30분 정도 올라가다가, "난 이제 그만 올라갈래. 다리도 아프고 재미도 없어. 여기서 맑은 공기 마시며 좀 쉬었다가 내려갈게. 입구에 있는 음식점에 있을 테니 연락해. A야, 너도 나랑 같이 가자."라고 말하였습니다. 계속되는 야근으로 피로했지만 오랜만에 반가운 얼굴 보겠다며 힘들게 나온 A가 정상까지 가는 건 무리일 것이라 생각했기 때문입니다. 그런데 저의 말에 대한 친구들의 반응은 한결같았습니다. 산에 왔으면 힘들더라도 무조건 정상까지 가야 한다는 것이었습니다. 아무리 "난 애초에 정상이 목적이 아니라 맑은 공기 마시면서 너희들하고 막걸리 한잔 하는 거였어. 요 앞 식당에서 A랑 한잔하며 기다릴게."라고 이야기해도 소용이 없었습니다. A도 마찬가지였습니다.

"야, 나도 지금 피곤하고 힘들어 죽을 것 같아. 그래도 꼭대기 밟고 와야 산에 온 것 같고, 술 맛도 나지 않겠어?"

A의 말이 전혀 이해되지 않는 것은 아니었습니다. 저 역시 어려움을 참아 가며 힘든 일을 끝마치고 나서 한잔할 때의 뿌듯한 성취감을 알고 있기 때문입니다. 하지만 우리가 원치 않아도 우리 삶에는 어려움을 참으며 힘겨운 시간을 보낸 후에야 겨우 휴식의 달콤함을 맛볼 수 있는 경우가 너무나 많습니다. 굳이 휴일에 즐겁고 재미있으려고 온 등산에서마저 그러한 방식을 고집할 필요는 없다고 생각합니다. 내가 자유롭게 선택할 수 있는 상황이라면 최대한 편안하고 쉬운 방법으로 즐기면 됩니다. 어쩜 그렇게들 자기를 편하고 즐겁게 해 주는 것을 아까워할까요? 왜 꼭 뭔가 스스로에게 힘겨움을 주고

나서야 선심 쓰듯이 즐거움을 허용하는 걸까요?

결국 이날 저는 정상까지 올라갔다 와서야 막걸리 한잔을 마실 수 있었고, 다음 날 친구 A는 심한 몸살에 걸려 며칠 동안 회사에 나가지 못했습니다. A는 '뿌듯한 성취감' 때문에 자기 몸을 괴롭힌 결과를 몸살로 받은 것입니다.

고진감래 사상의 잘못된 응용례는 등산뿐이 아닙니다. 운동도 힘겹게 해야 뭔가 한 것 같다며 자기 몸에 무리가 될 정도로 하는 사람이 많습니다. 이처럼 운동을 운동이 아니라 노동처럼 하는 사람은 결국 근골격계 질환으로 불편을 겪기 일쑤입니다.

취미로 즐기는 등산과 운동을 이렇게 하는데 생계가 달린 일을 할 때는 오죽하겠습니까? 굶거나 인스턴트 음식으로 때우며 불규칙한 식사를 하고, 야근하느라 충분한 수면을 취하지 못하고, 목과 어깨가 뻑뻑해질 정도로 무리하게 일을 해야 뭔가 열심히 한 것 같은 만족감을 느낍니다. 먹을 것 잘 챙겨 먹고, 충분히 자고, 적당한 휴식을 취해 가며 일하는 사람이 이상한 사람처럼 보일 정도입니다. 사회 전체가 '좋은 결과를 얻기 위해서는 반드시 힘겨운 과정을 거쳐야 한다.'라는 생각 속에 빠져 있는 듯합니다.

이처럼 고진감래라는 말은 너무나 절대적으로 받아들여져 있습니다. 요즘은 목표를 향해 가는 과정에서 생기는 고난과 역경을 반드시 겪어야 할 통과의례처럼 여깁니다. 과정이 즐겁고 행복하면 마치 자신이 꾀를 부리고 최선을 다하지 않는 것 같아 불안해하고, 만약 일이 쉽게 쉽게 풀리면 마치 성공을 도둑질한 것 같은 죄책감까지 느낍니다. 어떻게 해서든 몸과 마음을 힘들고 불편한 곳까지 몰아간 후에야 '음, 이제는 성공할 자격이 있어.'라고 생각하는 것입니다.

그러다 보니 성공을 해도 그 대가를 받게 됩니다. 온갖 불안과 초조를 겪는 데다, 무리한 육체 활동을 겪은 후 얻은 것이기 때문에 성공만 오는 것이 아니라 질병도 함께 찾아옵니다. 그나마 성공이라도 한 사람은 좀 낫지만 소수의 성공자 외의 사람들은 원하는 바를 얻지도 못하고 병만 얻게 됩니다. 성인병과 만성병으로 고생하는 사람들이 우리 주변에 넘쳐 나고 있는 것이 바로 그 증거입니다.

꼭 과정이 힘들어야 결과가 좋은 것일까요? 고진苦盡 후의 감래甘來는 질병과 함께 오는 경우가 많습니다. 그래도 정말 '감래'라고 할 수 있을까요? 몸이 힘들고 마음이 불안한 상태에서 일을 하면 단기적 성과는 얻을 수 있을지 모르지만 장기적인 업무 효율은 높을 수가 없습니다. 업무 효율이 낮으니 결과도 좋지 않을 것입니다. 만약 결과가 좋다면, 낮은 효율로 원하는 성과를 얻어 내는 유일한 방법이 몸과 마음을 혹사시키는 것이니, 그 좋은 성과의 덤으로 질병을 얻게 될 것입니다.

반대로 몸이 편하고 마음이 여유로우면 얼핏 느려 보일지 모르지만 장기적으로 볼 때 업무 효율이 높습니다. 업무 효율이 높으면 당연히 좋은 결과를 얻을 것입니다. 몸과 마음을 닦달하지 않으니 좋은 결과를 얻는 대신 건강을 잃는 일도 없겠지요. 과정은 과정대로 편하고 여유롭고, 결과는 결과대로 만족스러워집니다. 저는 이를 '과정이 즐거워야 결과도 좋다.'란 의미로 감중감래甘中甘來라고 부르고 싶습니다.

그리고 고진감래가 아니라 감중감래를 당연한 것으로 받아들일 때, 우리의 삶은 한층 건강하고 행복해질 것입니다.

목표 달성이 곧 행복은 아니다

　말을 알아듣는 나이가 되면서부터 우리는 "착한 사람이 되어라.", "훌륭한 사람이 되어라.", "건강한 사람이 되어라." 등의 말들을 무수히 들으며 자랍니다. 초등학교에 입학한 후부터는 구체적으로 비교까지 당하며 "옆집 누구는 말을 잘 듣는다더라. 너는 왜 그러니?", "앞집 누구는 공부를 잘한다더라. 너도 그 정도는 해야지?", "남들은 잘만 한다는데 너는 왜 그러니?", "너도 A처럼 훌륭하고 똑똑한 사람이 되어라."라는 말들을 들으며 학창 시절을 보냅니다. 이런 상황은 사회인이 되어서도 여전히 계속됩니다.

　훌륭하고 멋진 삶의 형태나 위인들을 모델로 삼아 그리 되라고 비전을 제시해 주는 것은 좋은 일입니다. 하지만 문제는 어린 시절부터 지금까지 그 누구도 "너는 지금도 좋아. 지금처럼 만족하며 삶을 즐기며 살면 돼. 공부를 잘하고 싶다고? 그럼 한번 열심히 해 봐. 공부를 잘하게 되면 그 나름대로 또 즐거운 점이 있을 거야."라는 식으로 말해 주지 않았다는 점입니다. 부모님들도, 선생님들도, 심지어는 비슷한 처지의 친구들까지도 "앞으로 커서 뭐가 될래? 훌륭한 사람이 되려면 지금처럼 살면 안 돼. 더 노력하고 더 좋은 결과를 얻어야 해."라는 식으로 이야기합니다. 미래의 목표 달성을 강조하기 위해 현재의 자신을 부정하는 것입니다.

이처럼 줄기차게 '더 훌륭한 나'가 되어야 한다는 말을 들어온 결과, 무엇인가를 성취하고 달성해 내야 한다는 강박 관념이 자신도 모르게 의식 깊숙이 새겨집니다. 나름대로의 목표를 설정하고 그것을 이루기 위해 노력하는 것은 좋습니다. 하지만 '현재의 너는 부족하고 못났어. 더 나아져야 해. 그렇게 되기 위해 너는 반드시 저것을 성취해야 해.'라는 세뇌를 줄기차게 받다 보면 목표가 달성되기 전의 자신의 삶은 보잘것없고 불만족스러운 것이 되어 버립니다. 바로 이것이 문제입니다.

제 지인 중에 A라는 사람이 있습니다. 그는 명문대를 졸업하고 잘나가는 무역업체에서 타의 추종을 불허하는 실적을 쌓으며 능력을 인정받았습니다. 정신없이 일에 빠져 살다가 무역업으로는 뭔가 채워지지 않는 것이 있어 새로운 분야인 사법 시험에 도전했고 당당히 합격하여 변호사가 되었습니다.

문제는 그다음이었습니다. 목표는 모두 성취했지만 그는 여전히 만족스럽지 않았습니다. 목표한 대학에 합격해도, 목표한 직장에 들어가도, 목표한 실적을 달성하고 목표한 대우를 받아도, 목표한 사법 시험에 합격해 변호사가 되어도 만족감은 잠시뿐이고 여전히 새로운 불만족이 나타나 새로운 목표로 자신을 몰아 댔습니다.

어떤 목표를 달성해도 지금까지와 마찬가지로 지속적인 만족감은 얻을 수 없을 것이고, 따라서 끊임없이 새로운 목표 달성을 위해 치열하게 살아야 할 것이라는 생각이 들자 그는 일종의 정신적 충격을 받았다고 합니다. 성공하는 것이 곧 만족과 행복을 얻게 되는 길이라고 믿고 성공과 행복을 동일시해 왔는데, 아무리 성공해도 자신은 여전히 불만족스럽다는 현실이 충격이었던 것입니다. 이 충격은 그의 삶의 방향을 변화시켰습니다.

'안 돼. 달성해 봐야 잠시 만족감을 줄 뿐인 목표를 위해 더 이상 이렇게 목표만 좇으며 살 수는 없어.'라고 생각한 그는 방향을 바꿔 명상, 도, 깨달음에 매달리기 시작했습니다. 영적인 그 무엇을 추구하기 시작한 것입니다. 하지만 3년 동안 관련 서적이란 서적은 모조리 다 읽고, 다양한 방법을 따라 열심히 수행을 해서 나름대로 영적인 성취를 얻었음에도 불만족은 해결되지 않았습니다. 이때만 해도 그에게 명상, 도, 깨달음은 돈, 명성 등과 종류만 다를 뿐 목표란 점에서는 같았습니다. 그러니 전과 마찬가지로 일시적인 만족감밖에 얻을 수 없었던 것입니다. 요약하면, 결국 그는 남들이 보기에는 부러울 정도로 사회적으로 성공했지만, 정작 본인은 끊임없는 불만족 때문에 힘겨운 삶을 살았던 것입니다.

그가 유별난 사람일까요? '나도 저 정도만 성공하면 좋겠다.'라는 부러움의 대상인 사람 중에서 그처럼 자신의 삶에 만족하지 못하는 사람은 없는 걸까요? 제가 관찰한 결과는 오히려 '만족하는 사람이 거의 없다'입니다. 목표를 좇는 사람은 목표를 달성하지 못해서 불만족스러워했고, 목표를 달성한 사람은 새로운 목표를 좇느라 불만족스러워했습니다. 불만족은 마치 삶의 필수 요소처럼 집요하고도 깊숙이 우리 삶을 지배하고 있었던 것입니다. 이 모든 것은 미래의 성공을 추구하면서 현재의 삶을 보잘것없고 개선해야 할 부정적인 것으로 보았기 때문에 일어나는 일입니다.

다행히 A는 자신을 통찰할 지혜와 용기가 있었습니다. 세속적인 성취도, 영적인 성취도 자신을 만족시키지 않는다는 점을 확인한 그는 추구를 멈추고 자신을 탐구하였습니다. 그 무엇을 성취해도 불만족과 함께 새로운 목표가 생겨난다면, 문제의 유일한 해결책은 이미 생겨난 불만족을 채우는 것이 아니라 불만족이 만들어지지 않게 하는 것이고, 그러려면 불만족을 만들어 내는 자신을 올바르게 이해해야 한다고 판단했기 때문입니다. 작년 6월, 그는 여러 사람이 모인 자리에서 이렇게 말하였습니다.

"절실한 마음으로 끈질기게 탐구한 결과, 결국 저는 저 자신을 온전히 이해하게 되었습니다. 그런데 만족과 불만족에 대한 문제는 의외로 탐구 초기에 해결되었습니다. 저를 살펴보니 문제는 아주 단순했습니다. '저것을 달성하고 나야 만족할 것이다.'라고 생각하며 만족을 항상 미래로 미루어 온 것이 문제였습니다. 시간은 계속 미래를 만들어 내기 때문에 저의 만족 역시 새로운 목표를 달성한 다음 번 미래로 연기될 수밖에 없었습니다. 그러므로 해결책은 만족감 느끼는 시점을 현재로 당기는 것이었습니다.

이 사실을 깨닫고 나서부터 저는 만족감을 느끼는 일을 더 이상 미래로 미루지 않았습니다. 먹고 싶은 것이 있으면 먹고, 쉬고 싶으면 쉬고, 자고 싶으면 자고, 입고 싶은 것이 있으면 입고, 가고 싶은 곳이 있으면 가고, 걷고 싶으면 걷고, 사우나 가고 싶으면 사우나에 가는 등 사소한 것이든 중요한 것이든 저는 능력과 환경이 허락하는 범위 내에서 제가 요구하는 모든 것을 들어주려 노력했습니다. 그리고 제 요구가 채워질 때 느껴지는 만족감은 그것이 아무리 사소하더라도 최대한 느끼고 누리려 노력했습니다.

그러자 오래지 않아 제 삶은 만족감으로 가득해졌습니다. 굳이 커다란 목표를 달성하고 먼 미래를 기다리지 않아도, 놓치지만 않는다면 지금도 제게 기쁨과 만족을 줄 수 있는 요소는 생활 속에 대단히 많았던 것입니다. 물론 그렇다고 해서 불만족이 전혀 생기지 않거나 미래의 목표가 없는 것은 아닙니다. 다만 예전과 달리 이런 것들은 새로운 만족감을 찾아나서게 해 주는 하나의 동기 유발 요소로 작용할 뿐입니다. 이제 저는 더 이상 음식물이 잔뜩 든 배낭을 짊어지고도 그걸 모른 채 굶주린 배를 움켜쥐고 오아시스를 찾아 헤매는 조난자가 아니라, 휴양지에서 유쾌한 시간을 보낸 후 다음번 휴양지에서는 또 어떤 즐거움이 기다리고 있을까를 상상하는 행복한 여행자입니다."

만족감을 느끼는 일을 미래로 미루지 않아야겠다고 결심하고, 큰 것이든 작은 것이든 생활 속에서 늘 자신을 만족시켜 주려 노력한 결과, 불만족스러웠던 삶이 만족스러운 삶, 즉 행복한 삶으로 바뀌었다는 이 이야기 속에서 저는 엄청난 희망을 보았습니다. 불만족스러운 삶을 살아가는 사람 중 누구라도 만약 이 이야기를 받아들이고 실천하기만 하면 자신의 삶을 행복하게 바꿀 수 있다고 생각합니다. 저의 희망대로 이 이야기를 통해 많은 분들이 행복한 삶을 누리게 되기를 바랍니다.

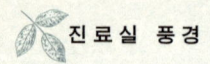 진료실 풍경

내가 소중해요, 분노가 소중해요?

20대 후반의 직장 여성인 K씨가 편두통으로 진료를 받으러 왔습니다. 이런저런 이야기를 나누며 진찰해 보니 원인은 직장 상사에게서 받는 스트레스였습니다.

"과장님이 워낙 깐깐하셔서 스트레스를 많이 받아요. 사실 업무 때문에 받는 스트레스는 그러려니 하고 참을 수 있어요. 하지만 제가 뭘 밉보였는지 옷차림이나 말투 등 사사건건 트집을 잡는 건 못 참겠어요. 정말 미치겠어요. 이젠 생각만 해도 기분이 나빠지고 얼굴만 봐도 화가 나요."

말하는 도중에 금방 얼굴이 붉어지더니 이내 두통이 더 심해지는지 손으로 머리 양측을 연방 문지르는 K씨를 진정시키며 이렇게 물어보았습니다.

"내가 소중해요, 분노가 소중해요?"

K씨는 무슨 뚱딴지 같은 질문이냐는 듯 "네?" 하고 되묻더니 곧이어 "당연히 제가 더 중요하죠."라고 대답했습니다. 저는 다시

그녀에게 물었습니다.

"그런데 왜 분노를 일으켜서 자신을 힘들게 하세요?"

무슨 말이냐는 듯 멀뚱멀뚱 쳐다보는 K씨에게 이번에는 좀 길게 설명을 하였습니다.

"아시겠지만 K씨의 편두통의 원인은 스트레스인데, 그중에서도 직장 상사를 향한 분노가 주 원인입니다. 『동의보감』에 보면 분노로 인한 두통은 주로 좌측으로 오고, 과도한 성생활 등으로 인한 두통은 주로 우측으로 온다는 구절이 있습니다. K씨의 편두통도 좌측이 더 심하니 분노로 인한 두통이라는 뜻입니다. 양측이 모두 아픈 것은 분노의 양이 아주 크다는 뜻이고요."

여기까지 듣고 이해가 간다는 듯 고개를 끄덕거리는 K씨에게 이어서 이야기하였습니다.

"분노든 기쁨이든 모든 감정은 결국 나를 위해 있습니다. 예를 들어 기쁨이라는 감정은 기쁨을 통해 나를 즐겁게 하기 위해 있고, 분노라는 감정은 분노를 통해 나를 위협하는 것으로부터 나를 지키기 위해 있는 것입니다. 그렇죠?"

"네."

"그런데 분노가 지나치면 나를 지키는 것이 아니라 오히려 나를 해치게 됩니다. K씨가 편두통으로 고생하시는 게 그 증거입니다. 분노란 원래 나를 위한 도구인데, 이를 잘못 사용함으로써 나를 불편하게 만들고 있는 거죠. 그러니까 결론은 간단합니다. 내 건강을 위해서 화를 내지 마세요."

"선생님 말씀이 맞는 것 같아요. 하지만 선생님, 과장님이 자꾸 자극을 하는데 어떻게 화를 안 내요? 저는 성인군자가 아니잖아요."

"그래서 제가 처음에 '내가 소중해요, 분노가 소중해요?'라고 물어본 겁니다. 내게 어떤 영향을 미치건 일단 화를 내고 봐야겠다고 생각하시는 건 아니잖아요? 나를 정말 소중히 여긴다면 내게 상처 주는 일을 반복하지 않겠죠? 전 도덕률이나 사회 규범 때문에 화를 내지 말라고 말씀드리는 것이 아닙니다. K씨가 성인군자처럼 사시길 바라는 게 아니에요. 전 의사니까 K씨 건강에 해가 되는 일을 하지 말라는 것뿐입니다. 분노나 짜증이 올라올 때마다 '지금 이 감정에 휩쓸리면 내가 불편해진다.'라는 자각만 분명하게 하세요. 이게 습관이 되면 굳이 화를 억누르려 노력하지 않아도 저절로 감정의 강도가 점점 약해지고 사라지는 시간이 빨라집니다. K씨의 두통도 점점 여기에 비례해서 약해지고 사라질 겁니다."

K씨는 모두 다 일리 있는 말씀이기는 하지만 잘 실천될지 모르겠다며, 진료실을 나갔습니다.

'진료실 풍경'은 저자가 한의대 교수로 재직하기 전 한의원을 운영할 때 실제 겪었던 일들을 기록한 것입니다.

나 자신을 존중하라

　제가 K대학교 한의학과에서 강의를 할 때 이야기입니다. 예과 2학년 학생들에게 '나의 삶'이라는 제목의 과제를 낸 적이 있었습니다. '자신의 지난 삶을 돌이켜 보는 시간을 통해 자기의 사고와 행동 습관을 파악할 수 있을 것이다. 파악된 습관 중에서 좋은 습관은 앞으로도 계속 유지하고 나쁜 습관은 자신이 의도하는 방향으로 고쳐 간다면 건강한 삶을 살아가는 데 큰 도움이 될 것이다.'라는 의도를 충분히 설명하고 나서 낸 과제였습니다.

　2주 후 제출된 학생들의 과제물을 모두 읽어 본 저는 꽤 당황했습니다. 120여 명의 학생들 거의 모두가 '나는 지금까지 인생을 잘 살지 못했다. 내게는 부족한 점이 너무나 많다. 반성한다. 앞으로는 잘 살아야겠다.'라는 요지의 일종의 '반성문'을 제출했기 때문입니다. 자기 삶의 긍정적인 면을 서술한 학생은 단 한 명뿐이었습니다. 'K대학교 한의과 학생들이라면 치열한 노력과 경쟁을 거쳐 자신이 원하는 대학에 입학한 학생들이고, 이렇게 자신이 원하는 바를 성취한 학생들이니 자신의 사고와 행동 습관에 대한 자부심과 만족도가 높을 것이다.'라는 예상은 완전히 빗나갔습니다.

스무 살 나이 때라면 대학 진학이 아주 중요한 문제인데, 이를 성공적으로 성취해 낸 한의과 한 학년 학생들의 거의 전부가 자신을 부족한 사람으로 여기는 현실이 선뜻 받아들여지지가 않았습니다. 그래서 다른 학년 학생들을 만나서 이야기를 나누어 봤습니다. 역시 스스로를 부정적으로 평가한다는 점에서는 다를 바가 없었습니다.

'한의과 학생들만의 특징일까? 아니면 전국의 수많은 대학생들이 모두 그렇게 생각하는 걸까?', '학생들만의 특징일까? 아니면 대다수 사람들의 공통된 사고방식일까?' 등에 대해 깊이 숙고해 보았습니다. 며칠을 고민에 고민을 거듭하며 생각해 보고, 여러 사람을 만나 이야기 나누어 보았습니다. 그 결과 수많은 사람들이 자신을 부정적으로 보며 살고 있다는 사실을 알게 됐습니다.

결론이 이렇게 나자, '도대체 왜 많은 사람들이 자신을 부정적으로 평가하고 자책하는 것일까?'란 의문이 자연스레 생겨났습니다. 원인은 앞에서 이미 살펴본 것처럼 미래를 위해 현재를 부정하기 때문이었습니다. 다만 차이가 있다면 '목표를 달성해야 행복해진다고 믿는 사람'과는 달리 초점이 '나'였습니다. '미래의 나'를 추구하면서 '현재의 나'를 보잘것없는 사람으로 생각하는 것입니다. 그럼으로써 자기 자신을 언제나 개선할 것으로 가득한 부정적인 사람으로 낙인찍는 것이지요.

몇 년 전부터 알고 지낸 20대 중반의 아가씨가 한 명 있습니다. 가끔씩 덜렁대다 실수를 한다든지, 맛있는 것을 보면 배가 아플 때까지 먹는다든지 하는 사소한 단점 몇 가지가 있기는 하지만 성실한 일 처리나 풍부한 감성, 사람을 대할 때의 진실한 태도 등 장점이 훨씬 더 많은 사람입니다.

그런데 정작 본인은 자신을 단점만 많은 사람으로 생각하고 있었습니다. 무슨 이유에서인지 부모님과 언니로부터 어린 시절은 물론이고 최근까지도 "너는 참 머리가 나빠. 돌대가리야.", "너는 참 사고방식이 이상해. 정신과 치료를 받아야 할 것 같아." 등의 말들을 많이 들었기 때문입니다. 얼마나 깊숙이 각인되었는지 제가 "A씨, 설령 A씨 가족의 말이 다 사실이라고 해도 그건 A씨의 일부일 뿐이야. A씨에게는 그런 단점들을 우습게 만들 정도로 큰 장점들이 훨씬 많아."라고 누차 이야기했지만 전혀 통하지 않았습니다.

"잘했어. A씨는 그런 점이 참 좋아."라고 긍정적인 면을 이야기하면 "네. 하지만 이 정도도 안 되는 사람이 어디 있어요?"라고 말하며 저의 칭찬을 입에 발린 말이나 혹은 놀리는 말로 생각하며 잘 받아들이질 않았습니다. 하지만 "A씨는 이런 점이 문제야. 이 부분은 좀 고쳤으면 좋겠어."라고 부정적인 면을 이야기하면 "네. 맞아요. 제가 원래 좀 그래요."라며 쉽게 열등감과 자기 비하에 빠져 버렸습니다.

이는 비단 A씨에게만 해당되는 것이 아닙니다. 주변의 교육 탓이든 혹은 스스로의 성향 탓이든 '현재의 나를 부정하고 더 나은 나'를 추구하는 삶을 살아왔고, 그 과정에서 자기를 부정하는 습관이 형성되어 자기를 사랑하고 인정할 줄 모르게 된 많은 사람들 모두에게 공통적으로 해당합니다. 장점을 이야기해 주면 하나도 받아들이지 않으면서, 단점을 이야기해 주면 확신을 갖고 받아들이며 열등감과 자기 비하를 더욱 크게 키워갑니다.

이렇게 흔들리지 않는 확신을 가지고 자신을 부정적으로 바라보니 건강하고 행복한 삶을 살 수 있을 턱이 없습니다. 당연히 마음은 늘 불편하고, 마음의 불편함은 그 강도와 누적 시간에 따라 몸의 불편함으로 드러나니 몸과 마음이 모두 편하지 않습니다. A씨 역시 만성 위염과 스트레스성 탈모, 약한 우울증으로 불편을 겪었습니다.

이처럼 내게 불편만 주는 자기 부정을 이제 멈추어야 하지 않을까요? "좋은 점은 말 안 해도 잘하니까 나는 너희의 단점만 이야기하는 거야."라고 말씀하시던 규율 선생님처럼 스스로를 윽박지를 필요는 없습니다. 아무리 발전을 명목으로 이야기한다고 해도 부정적인 면을 강조하면 사람은 더욱 부정적으로 변해 가기 때문입니다. 자기 부정은 건강도 행복도 가져다주지 않습니다.

그렇다면 더 이상 자기 부정의 방식을 고집할 필요는 없지 않을까요? 이제 자기 긍정의 방법을 선택해 보는 것은 어떨까요? 크든 작든 나 자신의 좋은 점이 보일 때마다 칭찬해 줍시다. 나쁜 점을 개선하는 것은 일단 뒤로 미루고 우선 좋은 점이 보일 때마다 이를 칭찬해 주고 더 북돋워 줍시다.

처음에는 익숙하지 않아서 자신의 장점이 보이지 않을 것입니다. 너무나 오랫동안 자신의 단점만 보아 왔기 때문이기도 하고, 또 장점을 너무 거창하게 생각하기 때문이기도 합니다. 하지만 지속적으로 관심을 기울이다 보면 사소한 단점에도 자신을 자학하던 지금까지와는 반대로 사소한 장점으로도 자신을 존중하게 될 것입니다.

사람은 자신을 존중하면 존중할수록 더욱더 존중받아 마땅한 사람으로 변해 가고, 이러한 변화는 내 몸과 마음에 긍정적인 영향을 미칩니다. 결국 자기 긍정은 우리 자신에게 건강과 행복을 가져다줍니다. 즉 자기 긍정에 습관을 들이면 어느새 나는 좋은 사람이 되어 있을 것이고, 덩달아 건강하고 행복한 사람이 되어 있을 것입니다. 그러니 한번 해 볼 만하지 않겠습니까?

유연한 마음을 가져라

얼마 전 가까운 후배 세 명의 가족과 함께 1박 2일 일정으로 모여 놀기로 하고 그중 한 후배 집에 간 적이 있었습니다. 일찍부터 모여 맛있는 것을 시켜도 먹고 만들어도 먹, 텔레비전도 보고 낮잠도 자며 여유로운 시간을 보내다가, 저녁이 되자 기다렸다는 듯 푸짐한 안주와 함께 술을 마시기 시작했습니다. 이런저런 이야기를 재미있게 나누다가 후배 A의 아내가 하는 말에 모두들 깜짝 놀라고 말았습니다.

"지금 당장 이혼하고 싶지만 아이들이 결혼할 때까지는 책임져야 할 것 같아요. 그래서 삼십 년만 더 꾹 참고 살다가 쉰다섯이 되면 이혼하려고요. 진짜 제 인생은 그때부터 시작이라고 생각해요."

A의 아내가 이렇게 생각할 것이라고는 상상도 못하고 있었습니다. 아무리 부부 관계는 당사자들밖에 모른다고 하지만 정말 의외였습니다. A는 가족을 위해 직장 생활을 열심히 하는 것은 물론이고 모임이 있어 함께 모였다가도 아내나 아이가 원하면 바로 집으로 돌아갔습니다. 가족 동반 모임이 있을 때에도 남자들 중 유일하게 아이 돌본다고 왔다 갔다 하며 분주히 다녔고, 만약 아내가 조금이

라도 싫은 기색을 할라치면 어쩔 줄 몰라 하며 아내의 기분을 풀어 주기 위해 노력했습니다. 남자들끼리 술자리가 있어도 항상 집이 우선이었고, 휴일이면 자주 가족끼리 여행을 다녔으며, 휴일을 처가 식구들과 어울려 지내는 빈도도 꽤 잦은 편이었습니다. 함께 모인 모든 아내들이 A의 아내를 부러워할 정도로 A는 아내에게 맞춰 주는 가정적 남편이었습니다. 저를 포함한 일행 전부는 술이 확 깨서 A의 아내가 하는 말에 귀를 기울였습니다.

"남들은 다 남편이 제게 맞춰 주며 산다고 생각하지만 그렇지 않아요. 남편은 늘 자기 마음대로 해요. 그리고 아이들한테만 관심이 있지 저한테는 관심이 없어요. 주말에 어디를 놀러 가도 항상 아이들 위주로 계획을 세우고 그 계획에 맞춰 움직이지, 저는 배려해 주지 않아요. 몇 번 이야기했지만 전혀 바뀌질 않아요. 그래서 전 남편이 저를 더 이상 사랑하지 않는다고 판단했고, 이제 이혼 시기만 기다리고 있는 거예요."

제가 수년째 보아 온 바에 의하면 A의 아내는 상당히 합리적인 사람이었으므로, 나름대로 충분히 합당한 이유에 근거해 이러한 말을 했으리라 짐작했습니다. 하지만 그렇다고 해서 그 생각에 동의할 수는 없었습니다. 여러 가족이 몇 년째 함께 어울려 왔고 특히 A와는 대학 때부터 친하게 지내 왔던 터라 사정을 잘 아는 편인데, 아무리 생각해도 A가 아내에게 이혼에 관한 이야기를 들을 정도로 생활하지는 않아 보였습니다. 주변 사람들에게 "넌 가족만 소중하고 친구는 소용도 없냐?"라는 싫은 소리를 들을 정도로 가족 중심으로 살아 왔으니 오히려 아내에게 듬뿍 사랑받아 마땅하다는 생각이 들었습니다.

그래서 저를 포함한 여러 사람들이 "아내의 마음을 못 헤아려 준 점은 A가 잘못했네요. 그래도 A처럼 아내 눈치 많이 보고 배려 많이 해 주는 남편이 어디 있다고 그러세요?"라고 말하며 여러 가지 예를 들어 줬지만 A의 아내는 생각을 바꾸지 않았습니다. '변할 것이라고는 기대도 하지 않는다. 아이들 결혼만 시키고 나면 이혼해서 내 인생 살겠다.'라는 결심이 확고했습니다.

오랜 시간 이야기해 본 결과 이 부부의 문제점이 파악되었습니다. 남편은 자기 원칙대로 가족의 행복을 위해 노력하고 있었지만, 아내는 이러한 남편의 행동이 자기 원칙에 맞지 않았습니다. 두 사람 다 가정을 가장 소중하게 생각한다는 점에서는 일치했지만 구체적인 실천 방법은 달랐던 것입니다.

제가 볼 때 문제의 해답은 아주 간단했습니다. '가족의 건강과 행복이 가장 소중하다.'라는 대원칙이 일치하니 남편이 방법을 바꾸거나 아내가 남편의 방법을 받아들이면 되는 것입니다. 남편의 행동이 틀린 것도 아니고, '나를 더 배려해 달라.'는 아내의 요구도 틀린 것이 아니기 때문에, 누구든 한 사람만 자기의 소원칙을 바꾸면 문제는 해결됩니다.

  내 원칙만 옳은 것은 아닙니다. 상대방의 원칙이 더 옳을 수도 있습니다. 따라서 전략의 달성을 위해 유연하게 전술을 바꾸면 되는 것입니다. 가족의 건강과 행복을 성취할 수 있다면, 꼭 이런 방법이어야 한다고 하거나 꼭 저런 방법은 아니어야 한다고 고집하며 서로 갈등을 겪을 필요가 없습니다. 남편의 방법이 마음에 들지 않는다고 해서 30년 후의 이혼을 지금부터 준비하는 것은 개인을 위해서도 가족 전체를 위해서도 참으로 힘겹고 가슴 아픈 일입니다.

  '나는 이러이러한 방법으로 가족의 건강과 행복을 성취하겠다.'라는 원칙이 그대로 이루어지면 더 바랄 나위 없이 좋겠지만, 만약 '이러이러한 방법'이 현실적으로는 가족의 건강과 행복을 위협하는 요소가 된다면 아무런 망설임 없이 다른 것으로 바꿀 수 있어야 하지 않을까요?

  이 부부가 자신들의 원칙 때문에 가족의 건강과 행복에 문제를 일으킨 것처럼, 자신의 원칙 때문에 오히려 자신의 건강과 행복에 문제를 일으키는 사람이 많습니다. 애초에 나를 위해 선택한 삶의 원칙들을 지키기 위해 무리하게 자신의 몸과 마음을 닦달하는 것입니다. 혹 나도 지금 그러고 있지 않은지 한번 살펴보세요. 만약 그러고 있다면 자신의 원칙을 바꾸세요. '나도 그렇게 살고 있다. 하지만 원칙을 바꾸고 싶지는 않다.'라는 생각이 든다면 이렇게 생각해 보세요.

'나의 대원칙은 나의 건강과 행복이다. 그러므로 지금 내가 선택한 원칙이 나의 건강과 행복에 방해가 된다면 더 이상 고집할 필요가 없다. 과감하게 버리고 새로운 원칙을 찾으련다. 이것은 원칙을 버리는 것이 아니라 오히려 진정으로 원칙을 지키는 것이다.'

그 어떤 원칙보다 우선하여 굳게 지켜야 할 것은 '건강과 행복을 즐거이 누리며 산다.'라는 한 가지뿐임을 가슴 깊이 새겨, 내가 나를 위해 선택한 원칙들로 인해 오히려 힘겨워지는 아이러니한 상황에 빠지지 않기를 바랍니다.

나와 내 것은 다르다

옛날 중국에 한 장군이 있었습니다. 이 장군은 아무리 열악한 상황에서도 목숨을 돌보지 않고 용맹스럽게 싸워, 만나는 적군마다 모조리 물리쳤습니다. 나중에는 이 장군의 이름만 들어도 적군이 도망칠 정도로 맹장猛將으로 이름을 날렸습니다.

3년간의 정복 전쟁을 모두 마치고 고향 집으로 돌아와 휴식을 취할 때였습니다. 평소 장군을 존경하던 한 부자가 장군이 도자기를 무척 좋아한다는 사실을 알고 아주 귀한 도자기 하나를 선물했습니다. 도자기에 조예가 깊었던 장군은 그 도자기가 전 중국 대륙에 몇 개 없는 귀한 도자기임을 한눈에 알아보고 무척 기뻐하였습니다.

도자기를 깊숙이 넣어 두고 생각날 때마다 꺼내 감상하던 어느 날, 오랜 친구가 찾아왔습니다. 이 친구는 어디서 들었는지 장군이 귀한 도자기를 간직하고 있다는 소문을 들었으니 한번 보여 달라고 청하였습니다. 친한 친구의 부탁이고 또 자랑하고픈 마음도 있어 장군은 기꺼운 마음으로 도자기를 꺼내 친구에게 보여 주었습니다. 도자기를 보고 감탄에 감탄을 거듭하는 친구의 모습에 장군의 마음은 아주 흡족해졌습니다.

다음 날부터 장군의 집에는 도자기를 보러 오는 사람들이 끊이지 않았습니다. 오랜 친구에서부터 친척들, 관직에 있는 선후배 및 동료들이 번갈아 가며 도자기를 구경하러 왔습니다. 하루는 함께 전쟁터를 누비던 동료가 왔는데, 이 동료가 도자기를 손에 들고 구경하다가 그만 실수로 놓쳐 깨뜨릴 뻔하였습니다. 다행히 바닥에 닿기 직전에 다시 잡아 무사하였지만, 하마터면 귀한 도자기가 깨질 뻔하였던 것입니다. 그 장면을 처음부터 지켜본 장군은 깜짝 놀라 한숨을 크게 내쉬었습니다.

이때부터 장군에게는 걱정거리가 생겼습니다. 그는 혹시라도 도자기가 깨질까 봐 손님만 오면 신경이 곤두섰습니다. 손님이 오면 마음이 불안했고 손님이 가면 안도하였습니다. 이런 날들이 오래 지속되자 이제는 꿈에까지 도자기가 나왔고, 손님이 와서 도자기를 깨뜨리는 꿈이라도 꾸는 날엔 깜짝 놀라서 일어나 벌렁거리는 가슴을 진정시켜야 했습니다. 뭔가 조치를 취해야겠다고 생각한 장군은 이 핑계 저 핑계를 대며 손님 오는 것을 막으려 했으나, 집에 있으면서 찾아온 손님을 되돌려 보내기는 쉽지 않았습니다. 그래서 무예 수련을 핑계로 한동안 산속에 들어가 있기로 했습니다. 한 달 정도만 지내다 내려가면 도자기에 대한 소문이 잠잠해져 보러 오는 사람이 없으리라 생각했던 것입니다.

　그런데 산속에 있는다고 문제가 해결되는 것이 아니었습니다. '혹시 내가 없는 사이에 집사도 잘 아는 손님이 찾아와서 막무가내로 도자기를 보여 달라고 하면 어떻게 하나?', '혹시 하인 놈이 도자기를 닦다가 흠이라도 내지 않을까?', '음, 도자기의 은은한 빛이 보고 싶군.' 등 갖가지 생각이 떠올랐습니다. 눈에 보이지 않으니까 오히려 더 조바심이 났습니다. 결국 일 주일도 되지 않아 장군은 다시 집으로 돌아왔고, 예전처럼 도자기를 보러 오는 손님들은 끊이지 않았습니다.

　손님들이 찾아올수록 장군의 불안감은 점점 커졌고, 이런 날들이 계속 반복되자 장군에게는 놀람증과 불안증이 생겼습니다. 이제 도자기와 관련이 없어도 조금만 예상치 못했던 일이 일어나면 깜짝깜짝 놀랐고, 작은 일에도 '잘못되면 어떻게 하나?' 하는 불안증이 생겼습니다. 놀람증과 불안증으로 예전처럼 푹 자지도 못하고 잘 먹지도 못하니 몸도 점점 쇠약해져 갔습니다. 호쾌하고 위풍당당하던 장군의 위용은 점점 사라졌습니다. 시간이 지날수록 장군은 점점 놀람증과 불안증을 앓는 나약한 동네 아저씨로 변해 갔습니다.

　그러나 역시 전쟁터를 호령하던 장군은 장군이었습니다. 아침에 일어나자마자 도자기가 보관되어 있는 방으로 가던 장군은 문득 자신이 뭘 하고 있는지를 깨달았습니다.

'아니, 도대체 내가 뭐 하는 짓인가? 10만 대군을 호령하며 목에 칼이 들어와도 껄껄껄 웃던 내가 도자기 하나에 이렇게 되다니!'

이렇게 생각한 장군은 그 즉시 도자기를 싸서 원래의 주인인 부자에게 가져다주었습니다. 도자기를 돌려받은 부자는 초췌해진 장군의 얼굴을 보며 모든 것을 이해한다는 듯 이렇게 말했습니다.

"제가 처음 이 도자기를 구했을 때는 정말 기뻤습니다. 워낙 희귀한 물건이었기 때문입니다. 하지만 시간이 갈수록 도자기 때문에 점점 힘들어졌습니다. 돈이야 얼마든지 있지만 일단 도자기가 깨지고 나면 아무리 많은 돈으로도 다시 살 수 없다는 생각이 들어 도자기 관리에 늘 노심초사했던 것입니다. 소문을 듣고 도자기를 구경하러 온 지인들이 늘어날수록 걱정은 점점 깊어졌습니다. 급기야 불안증이라는 병을 얻게 되었고, 몸이 점점 쇠약해졌습니다.

더 이상 도자기 때문에 불편하게 살 수 없다고 생각한 저는 차라리 평소 존경하던 장군님께 선물로 드리는 편이 낫겠다고 판단하였습니다. 그래서 장군님께 선물로 드렸고, 그날 이후로 저는 다시 예전의 건강한 저로 돌아갈 수 있었습니다. 하지만 장군님의 초췌한 얼굴을 보니 저 도자기가 장군님도 괴롭혔나 봅니다. 호방하신 장군님께서도 도자기 때문에 불편을 겪으셨으니, 이제는 저 도자기를 거둘 사람이 없다는 생각이 듭니다. 가는 곳마다 주인을 괴롭히는 저 도자기는 차라리 깨뜨려 버리는 것이 나을 것 같습니다."

부자의 말을 들은 장군은 고개를 끄덕이며 말했습니다.

"부끄럽지만 당신의 말이 모두 사실이오. 나 역시 도자기 때문에 많은 불편을 겪었소. 거기서 벗어나고자 다시 당신에게 돌려주는 것이니 깨뜨리든 말든 당신 마음대로 하시오."

부자는 장군이 보는 앞에서 도자기를 깨뜨려 버렸고, 홀가분해진 장군은 부자의 집에 며칠 머무르며 오랜만에 편안한 마음으로 연회를 즐겼습니다.

사람에게는 누구나 자신만의 도자기가 있습니다. 그것은 재물일 수도, 성공일 수도, 명예일 수도, 사랑일 수도, 이념일 수도, 종교일 수도, 철학일 수도, 쾌락일 수도, 주위의 시선일 수도 있습니다. 사람에 따라 종류에 차이가 있을지언정 자신만의 도자기가 있다는 점은 같습니다. 그런데 중요한 것은 도자기의 종류가 아니라 도자기가 내게 기쁨을 주느냐, 아니면 불편을 주느냐입니다. 과연 여러분의 도자기는 여러분에게 무엇을 주고 있습니까? 기쁨과 즐거움, 건강과 행복을 선사하고 있습니까? 아니면 혼란과 갈등, 고통과 불편을 주고 있습니까?

이야기 속의 부자와 장군은 그나마 귀한 도자기를 손에 넣는 데 성공한 사람들입니다. 그리고 그들은 이후 그것을 유지하는 과정에서 불편과 고통을 겪었습니다. 하지만 우리는 원하는 도자기를 얻지도 못한 채 그 획득 과정에서 이미 충분히 불편과 고통을 겪고 있는 것은 아닐까요? 우리는 좋은 차, 좋은 집, 비싼 명품, 좋은 음식, 지적인 만족감, 영적인 만족감, 주위의 인정 등을 얻기 위해 나를 닦달하고 몰아세우며 괴롭히고 있습니다. 이렇게 나를 힘들게 하며 얻어 낸 도자기가 과연 내게 지속적인 기쁨과 즐거움을 줄 수 있을까요? 그 도자기의 관리를 위해 스스로를 더 많이 힘겹게 해야 하는 건 아닐까요?

애초에 도자기의 용도는 내게 기쁨과 행복을 주는 것입니다. 아무리 좋은 것이라 해도 내게 상처와 고통을 주면서까지 그걸 얻으려 고생할 필요도 없고, 그걸 유지하려 애쓸 필요도 없습니다. 내 것이 나를 위해 있는 것이지 내가 내 것을 위해 있는 것은 아니기 때문입니다.

내 도자기는 무엇인지, 내 도자기는 내게 무엇을 주고 있는지 한 번 깊이 살펴보시고, 도자기의 노예가 아니라 도자기를 누리는 주인으로 즐겁고 행복한 삶을 살아가시길 바랍니다.

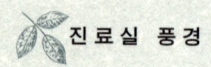 진료실 풍경

나보다 자존심이 더 소중해요

어머니와 함께 예쁘고 똑똑하게 생긴 여학생 E가 진료실 안으로 들어왔습니다. 국내에서 초등학교를 졸업한 후 6개월 전부터 캐나다에서 유학 중이라길래 의례적인 위로와 격려의 말을 했습니다.

"익숙한 곳을 떠나 낯선 땅에서 공부하려니 많이 힘들지, 외롭기도 하고? 하지만 친구도 사귀고 주변 환경에도 익숙해지면 점점 좋아질거야. 잘할 수 있다는 믿음과 의지를 가지고 열심히 하렴."

그런데 이 아이의 대답이 흥미로웠습니다.

"엄마랑 같이 지내기 때문에 외롭지도 않고요, 공부가 힘들지도 않아요. 다만 한국에서는 제가 친구들 사이에서 인기가 많았는데 거기서는 아직 그렇지 못해서 스트레스 받아요."

의외의 야무진 대답에 하하 웃고는 다시 물었습니다.

"다시 한 번 말해 줄래? 뭐가 스트레스라고?"

"네. 제가 한국에서는 공부도 잘하고 성격도 좋다는 인정을 받아서 친구들 사이에서 항상 중심이었어요. 그런데 캐나다에서는 그냥 평범한 학생 중의 하나로 취급받고 있어요. 이게 속상하고 스트레스 받아요."

이제 갓 중학생이 된 아이가 어른처럼 당당하게 자신의 의견을 말하는 모습과 말투가 어찌나 귀엽던지 저절로 웃음이 났습니다.

"하하, 너 정말 똑똑하구나. 네 말대로 한국에 있을 때 인기 많았겠다. 내가 너 말하는 모습을 보니 넌 앞으로 공부를 아주 잘할 거야. 현재의 얼굴형과 골격으로 미루어 볼 때 외모도 아름답게 성장할 테니까 미모와 재능을 겸비한 훌륭한 전문직 여성이 되겠어."

"정말요? 감사합니다."

"그러니까 스트레스 받을 필요 없어. 앞으로 네가 원하는 인기인이 될 테니까 괜히 지금부터 스트레스 받아 기분 상할 필요도 없고, 스트레스 받으면 생기는 변비 때문에 불편 겪을 필요도 없어."

"하지만 선생님, 전 기분이 나빠요. 자존심 상한다고요."

저는 자존심이라는 단어까지 말하며 자신이 스트레스를 받을 수밖에 없다는 이야기를 하는 이 귀여운 여학생한테 조금 더 자세히 이야기하기로 마음먹고, 스트레스를 받는 어른 내원객에게 묻는 것과 똑같이 물어봤습니다.

"E야, 나 자신이 소중하니, 자존심이 소중하니?"

그런데 의외의 대답이 나왔습니다. 지금까지 수없이 이 질문을 하면서 "당연히 내가 더 소중하지요."라는 대답 외에는 들어본 적이 없었는데, 이 맹랑한 숙녀 분께서 새로운 대답을 한 것입니다.

"전 저보다 자존심이 더 소중해요."

제가 재미있어서 너털웃음을 터뜨리자 오히려 옆에 앉아 계시던 어머니가 깜짝 놀라 이렇게 말했습니다.

"어머, 정말로 그렇게 생각하니? 엄마는 네가 너보다 자존심이 더 소중하다고 말하니까 너무 당황스럽다. 그렇게 생각하는 줄 정말 몰랐어."

저는 당당하게 의견을 말하고 덤덤하게 앉아 있는 E의 얼굴을 보며 차분하게 말하였습니다.

"그래, 네 말대로 너 자신보다 자존심이 더 소중하다고 생각할 수도 있어. 그런데 한번 잘 생각해 보렴. 네가 자존심이 더 소중하다고 생각하는 이유는 그 자존심이 네게 행복을, 더 구체적으로 말하면 네게 만족감을 주기 때문이야. 결국 네가 자존심을 선택한 이유도 바로 너 자신이 소중하기 때문이야. 그런 것 같지?"

E는 이번에도 역시 당당하게 대답했습니다.

"듣고 보니 그런 것 같아요."

"그러니까 네가 아무리 너 자신보다 다른 것이 소중하다고 말한다고 해도 결국 가장 소중한 것은 바로 너 자신이야. 따라서 자존심 때문에 너를 불편하게 하는 것은 의도와 결과가 맞지 않는 거야. 그런 자존심은 굳이 가지고 있을 필요가 없어. 던져 버려."

"무슨 말씀인지 잘 모르겠어요. 어려워요."

"하하. 그래, 다시 한 번 차분하게 살펴보자. 네가 자존심을 소중히 여기는 이유는 자존심이 네게 만족감을 줄 것이라고 믿기 때문이야. 한국에 있을 때는 자존심이 충족되었으니 자존심이 실제로 네게 만족감을 안겨 줬지. 그 경험 때문에 자존심은 너한테 만족감을 주는 버릴 수 없는 도구가 된 거야. 그런데 현실을 봐. 지금 캐나다에서는 그게 충족되지 않잖아? 오히려 자존심이 충족되지 않아서 스트레스를 받고 있잖아? 네가 자신의 행복과 만족감을 위해 선택한 도구인 자존심이 너한테 오히려 불편함을 주고 있잖니. 그런데도 굳이 자존심을 끝까지 고집할 필요가 있을까? 그건 내 안의 수많은 감정 중 하나에 불과한 자존심에 내가 통째로 끌려 다니는 것과 같아. 그러니까 쓸데없이 괜히 스트레스만 주는 자존심 따위는 던져 버리렴. 나중에 다시 자존심 채울 수 있는 상황이 와서 자존심이 네게 만족감을 줄 때가 되면 그때 다시 자존심을 가지면 되잖아. 그때까지 자존심은 던져 버리라는 말이야."
  똑똑한 아이라 그런지 중학생에게 그다지 쉽지 않은 내용임에도 불구하고 E는 고개를 끄덕였습니다. 저의 추측대로 앞으로 이 아이는 미모와 재능을 겸비한 여성으로 성장할 것입니다. 하지만 저는 이 아이가 그 무엇을 하건 건강하고 행복한 삶을 누리는 어른이 되기를 바랍니다.

행복을 두려워하지 말라

　드라마나 영화를 보면 가끔 "나 요즘 너무 행복해. 그래서 무서워."라는 대사가 나옵니다. 온갖 역경을 겪은 후 드디어 사랑을 이룬 연인이나 밑바닥에서부터 갖은 고생 끝에 성공 신화를 일군 주인공들이 주로 하는 말입니다. 시청자들은 이 말을 듣고 '그동안 얼마나 고생을 많이 했으면 행복이 와도 그걸 마음껏 누리지 못하고 다시 그걸 잃을까 봐 저렇게 두려워할까?' 하는 안쓰러운 생각과 함께 주인공들의 행복이 지속되기를 빌어 줍니다. 드라마나 영화는 시청자들의 바람대로 진행되기도 하고 아니기도 합니다. 간혹 주인공의 대사가 복선이 되어 다시 행복을 잃게 되는 비극적 결말로 끝나기도 하고, "응, 이제 내가 당신의 행복을 지켜줄게."라는 상대 주인공의 말과 함께 해피엔딩으로 끝나기도 하지요.

　실제 삶에서는 어떨까요? 우선 "나 요즘 너무 행복해. 그래서 무서워."라는 말을 할 수 있을 만큼 행복에 겨운 상황 자체가 그리 많지 않은 것 같습니다. 원하는 대로 일이 풀려 가야 행복을 느끼는데, 그렇게 일이 잘 풀리는 경우가 별로 없기 때문입니다. 굳이 따져 보면 연애 초기나 신혼 초, 대학 합격 직후, 취업 성공 직후, 사업에서 큰 성과를 이룬 직후 등 정도가 아닐까 싶습니다.

"나 요즘 너무 행복해. 그래서 무서워."라는 말은 드라마나 영화 속 주인공들만 하는 대사가 아닙니다. 행복한 상황을 만나기도 어려운데, 막상 만나도 어렵게 온 행복을 제대로 누리지 못하는 안타까운 상황이 바로 우리의 슬픈 현실입니다.

그런데 왜 그런 걸까요? 왜 우리는 어렵게 찾아온 행복조차 마음 놓고 누리지 못하는 것일까요? '오랫동안 행복을 추구해 왔지만 그걸 이루지 못하고 고생만 하다가 겨우 잡은 행복이라 혹 다시 놓칠까 봐 두려워하는 것이다.'라는 대답이 정답에 가까울 듯합니다. 하지만 어려운 상황일 때에는 행복하게 될 것을 미리 생각하지 않고 어려움에 깊이 빠지면서도, 행복한 상황일 때는 어려운 상황을 미리 걱정하느라 마음껏 행복을 누리지 못하는 가장 근본적인 이유는 바로 '나를 부정적으로 보는 시각'에 길들여져 있기 때문입니다.

'나 같은 게 이렇게 행복해도 되나?', '과연 내게 이런 행복을 누릴 만한 자격이 있는 걸까?', '나한테 이런 행복이 찾아오다니……. 뭔가 잘못된 것이 아닐까?'라고 생각하며 '나의 행복'을 불안해합니다. 다른 사람은 몰라도 내가 이렇게 행복하면 안 될 것 같다고 생각하는 것입니다. 그러다가 혹 무슨 일이라도 생겨서 행복한 상황에

위기라도 닥치면 '그럼 그렇지. 나한테 이런 복이 있을 리가 없지. 애초부터 나한테 어울리지 않는 행복이었어.'라고 생각합니다.

　원래 내 것이 아니었다는 생각을 하는데 행복이 지켜질 리가 없습니다. 행복한 상황은 다시 이전의 평범한 상황으로 돌아가고, 당사자는 '그래, 이게 내게 어울려.'라며 오히려 편안한 마음으로 상황을 받아들입니다. 행복은 두려워하고 행복하지 않은 상황은 편안해합니다. 더 정확하게 표현하면, '실제로 행복한 것'보다 '행복하지 않은 상태에서 행복을 추구하는 것'을 더 편안해하는 것입니다. 남들이 모두 부러워하고 우러러보는 거창한 행복만 두려워하는 것이 아닙니다. 사소한 행복도 어색해 하고 두려워하는 것이 현실입니다.

　이러한 경향에서 벗어나려면 어떻게 해야 할까요? 도대체 어떻게 하면 행복을 당연한 것으로 받아들이고 누릴 수 있게 될까요?

　사람은 보통 먹고 싶은 것 먹고, 입고 싶은 것 입고, 자고 싶을 때 자고, 산책하고 싶을 때 산책할 때 행복감을 느낍니다. 그러니 우선 이런것들부터 스스로에게 베풀어주세요. 능력에 넘치게 먹고, 입고, 자고, 놀라는 것이 아니라 내 능력의 범위 안에서 가능한 한 좋은 것을 내게 먹이고, 입히고, 재우고, 놀리라는 것입니다. 나까지 나에게 빡빡하게 굴지 않아도 우리 삶은 이미 충분히 빡빡합니다. 그런데 사람들은 '나를 이렇게 편안하고 행복하게 해 주면 안 돼. 나약해지고 게을러져. 이렇게 되면 결국 나는 사회에서 도태되고 말거야.'라고 생각하고 자신에게 줄 수 있는 작은 행복조차 허용하지 않습니다. 그러니 아무리 행복을 쫓아다녀 봐야 행복해질 리가 없습니다. 내가 줄 수 있는 행복조차 나에게 주지 않는데 행복해질 리가 있을까요? 나도 나에게 행복을 주지 않는데 다른 사람이 행복을 가져다 줄 리가 없습니다. 설사 가져다주더라도 나에게 받는 것도 익숙지 않은 사람이 남이 주는 것을 편한 마음으로 잘 받을 수 있을 리가 없습니다.

그러므로 우선 내가 줄 수 있는 한 많은 편안함과 만족감을 나한테 주는 것이 필요합니다. 내가 편안하고 만족스러울 때 내 주변이 편안하고 만족스러워지며, 내 주변이 편안하고 만족스러워지면 더 큰 편안함과 만족감이 내게 돌아옵니다. 내가 편안하고 행복할 때 내 편안함과 행복을 주변에 퍼뜨릴 수 있고, 다른 사람이 주는 편안함과 행복을 받아들일 수도 있습니다. 행복이 행복을 부르는 선순환이 시작되는 것입니다.

행복을 두려워하지 말고 지금 당장 내가 원하는 것을 내게 베풀어 주도록 하세요. 지금 느끼는 행복감이 또 다른 행복을 불러와 내 삶 전체가 행복으로 가득해질 것입니다.

현명한 사람은 모든 것을
자신의 내부에서 찾고,
어리석은 사람은 모든 것을
타인들 속에서 찾는다.

- 공자 -

외롭고 슬프면 외로워하고 슬퍼하자

70년대 후반, 『캔디』라는 만화책이 선풍적인 인기를 끌었습니다. 워낙 인기가 좋아 텔레비전용 만화 영화로도 만들어져 장기간 방영되었고, 만화 영화뿐 아니라 그 주제가도 크게 인기를 끌었습니다. 얼마 전 모 보험사의 텔레비전 광고에, 아내가 지친 남편의 손을 잡고 씩씩하게 걸어가며 격려의 노래를 불러 주는 장면이 있었습니다. 그때 아내가 불렀던 "외로워도 슬퍼도 나는 안 울어. 참고 또 참지 울긴 왜 울어."란 노래가 바로 그 유명한 「캔디」의 주제가입니다. 이 노래는 중년을 대상으로 한 광고에 사용될 정도로 어린 시절 「캔디」를 보며 자랐던 세대에게, 특히 여성들에게 의미가 큰 노래입니다. 노래방 등 다른 사람 앞에서 많이 부르지는 않지만, 힘들거나 괴로운 일이 있을 때 혼자 흥얼거리며 약해져 가는 자신을 격려하고 현실을 헤쳐 나갈 의지를 일으키는 데 많이 이용됐습니다.

하지만 이 노래는 노래로 즐겨야지 실제로 노래 가사처럼 살려고 하면 안 됩니다. 음과 가사 내용이 힘 있고 씩씩해서 노래를 부르다 보면 어쩐지 힘이 나는 것 같고, 또 노래 가사처럼 사는 것이 왠지 멋있을 것 같지만 정말 이렇게 살면 병이 생깁니다. 소위 말하는

'화병'이 생기지요. 외롭고 슬프면 우는 것이 정상입니다. 참고 또 참고 안 울면 폼은 날지 모르지만 정상적인 흐름을 억지로 막는 것이기 때문에 몸과 마음에 무리가 생깁니다. 무리가 생기면 정상적인 조화와 균형이 깨져 병이 생길 수 밖에 없습니다. 울화가 쌓여 갑상선에 종양이 생기거나 불면증, 우울증, 가슴 답답함 등의 증상이 생기는 것입니다.

이처럼 내 몸과 마음에는 실제로 해가 됨에도 불구하고 다수가 선택했다는 이유만으로, 혹은 유행이라는 이유만으로 그것을 따르려 애쓰는 사람들이 많습니다. 물론 다른 사람들과 조화와 균형을 맞추는 것은 사회 속에서 함께 살아가기 위한 필수 요소입니다. 전체의 조화와 균형을 위해 내가 불편해도 부득이하게 따라야 하는 경우도 있지만 굳이 그러지 않아도 되는 경우도 많습니다. 다수의 의견이나 선택이라는 이유만으로 특정한 것에 자신을 얽어매거나 제약할 필요는 없습니다.

외롭고 슬플 때 우는 것은 지극히 개인적인 문제입니다. 안 울고 참는 것이 좋다고들 말한다고 해서 무리하게 그걸 따를 필요는 없습니다. 울고 싶으면 울고 울기 싫으면 울지 않으면 그만입니다.

많은 사람들이 1등이 되고 싶어 한다고 해서 무리하게 그걸 따를 필요는 없습니다. 내 능력에 맞고 또 스스로 만족한다면 10등이라도 내겐 1등이나 마찬가지입니다. 많은 사람들이 강남에 살고 싶어 한다고 해서 나도 꼭 거기서 살려 애쓸 필요는 없습니다. 내 형편에 맞게 내 마음에 드는 동네를 찾아 편하게 살면 거기가 내겐 곧 강남입니다. 재테크가 유행한다고 해서 꼭 경제 신문이나 책을 봐 가며 이곳저곳 뛰어다닐 필요는 없습니다. 투자 손실에 대한 걱정이나 이자율 계산에 골머리 앓느니 차라리 이율이 낮아도 안전한 은행에 넣어 두는 것이 좋겠다는 생각이 들면 그렇게 하면 됩니다. 주변에서 "조금만 부지런하면 몇 푼이라도 더 벌 수 있는데 왜 그러느냐?"라고 말하면, "나는 재테크보다 내 몸과 마음을 편안하게 해 주는 '행복테크'가 더 중요해."라고 여유 있게 대답하면 됩니다. 다이어트가 대유행이라고 해서 나 역시 많은 돈과 노력을 들여 다이어트 해야 한다는 법은 없습니다. 건강에 지장 있을 정도의 비만이 아니라면, '난 먹고 싶은 것 먹으면서 재미있게 살래. 통통한 여자 좋아하는 남자들도 많대.'라고 생각하면 그만입니다.

다른 것도 마찬가지입니다. 자신이 원하면 다수의 선택을 따라해도 되지만, 중요한 것은 그것이 내게 건강과 행복을 주느냐 여부입니다. 애초에 내가 다수의 선택을 따르려는 이유는 그것이 내게 더 큰 기쁨과 만족감을 주리라는 전제가 있기 때문입니다. 그걸 따라해도 내게 기쁨과 만족감을 주지 않는다면, 그걸 따라하는 것이 오히려 내게 불편과 고통을 준다면 따라할 이유가 전혀 없습니다. 소수의 길이라도 과감하게 내게 건강과 행복을 주는 방법을 선택해야 합니다.

사실 자세히 살펴보면 우리 사회의 다수가 추구하는 목표라는 것은 참 이상합니다. 동일한 목표를 추구하는 대다수가 좌절할 수밖에 없는 것을 기를 쓰고 목표로 삼습니다.

예를 들어 대학 입학 시험을 보는 수험생의 수는 일 년에 약 50만 명이 넘습니다. 그런데 소위 최고 대학이라 불리는 서울대, 고려대, 연세대의 신입생 수는 약 1만 5천 명 수준입니다. 그러니까 50만 명이 아무리 노력해도 그중 1만 5천 명밖에 성취할 수 없는 것을 공통 목표로 삼고 있는 것입니다. 단 1만 5천 명만이 목표를 성취하고 나머지 48만 5천 명은 성취자를 부러워할 수밖에 없는데도 그 목표에 엄청난 집착을 합니다. 단순히 '한번 성취해 보겠다.'가 아니라 '성취하지 못하면 절대 안 된다. 성취하지 못하면 난 일등 대열에서 낙오되는 것이다.'라는 절박한 심정으로 목표에 매달립니다. 그러니 50만 명 전원이 목표를 향해 가는 과정에서 나를 닦달하고 몰아 댈 수밖에 없습니다. 그나마 1만 5천 명은 자신을 힘겹게 한 대가로 목표를 달성하지만 나머지 48만 5천 명은 좌절감과 열등감만 얻게 됩니다. 우리 사회의 다수가 추구하는 목표라는 것이 대부분 이런 구조입니다. 그런데도 기를 쓰고 다수가 원하는 목표를 향해 함께 달려가니 이상하지 않습니까?

얼마 전 스포츠 신문에 한 야구 선수의 기사가 났습니다. '한물 간 선수라는 평가를 받던 투수가 올 시즌 들어 최고의 기량을 선보이고 있다.'는 것이 기사의 요지인데, 저의 관심을 끈 건 바로 이 투수의 인터뷰 내용이었습니다.

"좋은 성적을 못 거둔 최근 3년 동안 아내와 아이에게 늘 미안한 마음이었는데 이제야 비로소 떳떳한 남편이자 아빠가 된 것 같습니다."

이 인터뷰는 참 가슴 아팠습니다. 프로 선수를 꿈꾸는 고등학교 야구부원들 중 몇 퍼센트나 그 꿈을 이룰 수 있을까요? 그 꿈을 이룬 선수들 중 또 몇 퍼센트나 좋은 활약을 펼쳐 일류 선수 대접을 받을 수 있을까요? 이렇게 생각해 보니 이 선수보다 훨씬 더 많은 선수들이 좌절을 겪고 불편한 마음으로 살아가고 있으리라 짐작됐습니다. 그와 함께 '다행히 이 선수는 재기에 성공했지만 그렇지 못한 더 많은 선수들은 여전히 미안한 마음으로 가족에게조차 떳떳하지 못하게 살고 있겠구나.' 라는 생각이 들었습니다.

　이렇게 성공률이 희박하여 수많은 사람이 좌절할 수밖에 없는 목표를, 다수가 추구한다는 이유만으로 맹목적으로 좇아가는 것이 과연 나에게 건강과 행복을 줄까요? 이제 성공률이 높은 것으로 목표를 바꾸어야 하지 않을까요?

　그러기 위해선 우선 가장 궁극적인 목표가 무엇인지를 분명히 해야 합니다. 변하지 않는 궁극적 목표는 바로 나의 건강과 행복이어야 합니다. 그 외의 모든 목표들은 나의 건강과 행복이라는 궁극적 목표를 이루기 위한 도구에 불과합니다. 도구들은 그것이 돈이든 성공이든 명예든 그야말로 도구에 불과합니다. 내게 건강과 행복을 주지 않으면 얼마든지 버리고 다른 것을 선택할 수 있어야 합니다. 다수가 추구하는 것이 내게 건강과 행복을 주지 않는다면 소수의 것을 선택할 수 있어야 하고, 만약 소수의 것도 내게 건강과 행복을 주지 않는다면 내게 맞는 나만의 도구를 만들 수 있어야 합니다.

　치과 의사를 그만두고 포장마차를 하는 사람도 있고, 약사를 그만두고 콘도 관리인으로 사는 사람도 있고, 번듯한 직업을 버리고 도시를 떠나 지리산 자락에서 차 밭을 일구는 사람도 있습니다. 그들은 다른 사람의 시선이나 평가가 아니라 나의 건강과 행복을 최고의 가치로 삼고 그걸 더 많이 얻을 수 있는 쪽으로 과감하게 삶의 방향을 바꾼 사람들입니다. 이것이 정말 용감하고 현명한 삶이 아닐까요? 물론 이 사람들처럼 삶의 방향을 극적으로 바꾸어야만 한다는 것이 아닙니다. 그저 '나의 건강과 행복'이라는 목표 달성을 위해, 필요하다면 나만의 길을 만들어 갈 수도 있다는 뜻입니다.

누구나 내게 맞는 자신만의 건강과 행복의 길을 개척하여 모두가 100퍼센트 성공하는 사회가 되기를 기원합니다.

나에 대한 전문가는 나뿐이다

20대 후반의 건물 경비원이 건강 상담을 하고 싶다며 찾아온 적이 있습니다. 3개월 전부터 너무 피곤하고 힘들어서 아무 일도 못한다는 것이었습니다. 그는 아침 8시부터 오후 4시까지 근무를 하는데, 특별히 힘든 일을 하는 것도 아닌데도 근무를 마치고 나면 바로 집으로 가 쓰러져 자기 일쑤라고 했습니다. 그리고 3개월 전부터 아침마다 설사를 하는데, 그때부터 그런 것 같다고 하였습니다.

짚이는 것이 있어서, "혹시 그때부터 식생활을 바꾸셨거나 특별히 드시는 것 있으세요?"라고 물었더니 그는 "특별한 것은 없어요. 다만 아침에 밥 먹기 바빠서 선식을 먹기 시작하긴 했어요. 우유에 타서 아침마다 선식을 먹어요."라고 대답하였습니다.

이런 경우 바뀐 식생활이 원인인 경우가 거의 대부분입니다. 그래서 저는 확신을 가지고, "바로 그게 문제가 된 것 같네요. 아침에 당분간 선식 드시지 말고 따뜻한 죽이나 끓인 밥을 드세요. 그러면 설사가 멎을 것이고, 설사가 멎으면 기운이 나면서 피로가 가실 거예요. 혹 설사가 멎어도 계속 피로가 가시지 않으면 그때는 보약을 처방하도록 할게요."라고 생활 처방만 내리고 진료를 끝내려 하였습니다. 그런데 그는 저의 말을 믿지 않았습니다.

"우유와 선식 때문에 설사를 할 리가 없어요. 텔레비전에서 어떤 박사님이 나오셔서 우유와 선식이 몸에 좋다고 했어요. 그러니까 그것 때문일 리가 없어요."

이런 내원객이 드문 편이 아니었기에 늘 하던 대로 차분하게 설명을 했습니다.

"텔레비전에서 무엇이 좋다는 말을 무조건 좋다고 들으시면 안 돼요. '모든 사람에게 좋은 것이 아니라 그것이 몸에 맞는 사람에게는 좋고, 맞지 않는 사람에게는 안 좋다.'라고 들으셔야 해요. 산삼이나 녹용도 안 맞는 사람에게는 부작용이 날 수 있거든요."

사람들에게 물어보면 대부분 권위주의가 싫다고 말합니다. 그런데 실생활에서는 너무나 쉽게 자신을 소위 전문가들의 권위에 맡겨 버립니다. 텔레비전이나 신문에서 아무리 뛰어난 전문가가 말하더라도 그들의 말은 하나의 효율적인 정보에 불과합니다. 물론 그 분야에 대해 나보다 훨씬 더 많은 연구를 한 사람들의 말이라 도움이 되기는 하지만 그래도 정보는 정보입니다.

따라서 내게 적용할 때는 신중하게 판단해야 합니다. 아무리 전문가들이 '이것은 건강에 효과가 있는 식품입니다.', '이것은 기분을 좋게 해 주는 제품입니다.'라고 말을 해도 내게 맞지 않으면 아무런 소용이 없습니다. 오히려 해를 끼칠 수도 있습니다. 그러므로 신중하게 판단해야 하는데, 최종 판단자는 전문가가 아니라 바로 나입니다. 통계에 근거한 평균치에 대해서는 그 사람들이 전문가지만 나에 관해서는 내가 전문가이기 때문입니다.

많은 사람들이 이 사실을 놓치고 있습니다. 나에 대한 최고 전문가로서의 책임을 방기한 채 소위 권위자로 알려진 사람의 말을 그냥 따르고 있습니다. 아무런 검토 없이 스스로 권위에 복종하는 것입니다. 박사가 나와서 몸에 좋다고 하면 먹은 후 설사를 하거나 피로해도 그 음식을 의심하지 않습니다. 홍삼이 좋다고 하면 먹은 후 발진이 돋고 두통이 생겨도 홍삼 때문이라고는 꿈에도 생각지 않습니다. 물구나무 서기 자세가 좋다고 하면 하고 나서 가슴 답답함이 생겨도 매일 아침 저녁으로 열심히 합니다.

내게 이로움을 줄 거라 생각하고 행하는 일이 오히려 나를 힘들게 하는데, 정작 본인은 그 이유도 알아채지 못하는 것입니다.

전문가들이 제공하는 정보와 의견은 내 삶을 풍요롭게 만드는 중요한 재료입니다. 하지만 그것이 내게 어떤 영향을 주는지에 대한 아무런 검증이나 확인 없이 무작정 받아들이는 것은 위험합니다. 전문가의 의견을 따랐는데도 내 몸과 마음이 상하는 경우가 자주 일어나는 이유는 바로 무조건적으로 받아들였기 때문입니다.

그럼 어떻게 해야 이런 잘못에서 벗어날 수 있을까요? 먼저 나 자신에 대한 올바른 이해가 가장 필요합니다. 평소에 나를 살펴서 나에 대해 잘 알고 있어야 합니다. 자신의 몸과 마음의 상태를 잘 살펴보지 않으면 나에 대한 정보도 없고 책임질 만한 자신도 생기지 않기 마련입니다. 그래서 사회에서 인정하는 전문가에게 강력한 권위를 부여하고, 그 권위자들이 제공하는 정보와 의견에 무작정 나를 맡기는 것입니다.

'나를 이해한다.'는 것을 거창하거나 추상적으로 생각할 필요는 없습니다. 인간에 대한 난해한 철학이나 이론을 뒤질 필요도 없습니다. '내 몸은 어떤 자세일 때 편안해하고 어떤 자세일 때 힘들어할까?', '내 몸은 어떤 음식을 먹으면 좋아하고 어떤 음식을 먹으면 소화를 못 시킬까?', '내 몸은 찬 것을 좋아할까, 뜨거운 것을 좋아할까?', '내 몸은 땀이 나면 상쾌해질까, 아니면 기운이 없어질까?', '내 마음은 무엇에 주로 스트레스를 받을까?', '내 마음은 고집이 셀까, 아니면 융통성이 많을까?', '내 마음은 다른 사람을 잘 믿을까, 아니면 잘 믿지 못할까?', '내 마음은 낙천적일까, 아니면 비관적일까?', '내 마음은 어떤 상황일 때 편안해할까?', '내 마음은 왜 저것을 그렇게 두려워할까?', '내 마음은 왜 늘 어디론가 여행을 가고 싶어 할까?' 등 실제 내가 생활 속에서 경험하는 것을 알기 위해 노력하고 그 패턴을 파악하면 됩니다. 생활 속에서 드러나는 것이 바로 내 몸과 마음의 현 주소이기 때문입니다.

 나에 대한 이해가 높아질수록 세상에 가득한 수많은 정보와 의견을 효율적으로 사용할 수 있고, 이에 비례하여 나의 건강과 행복이 증대됩니다. 나의 건강과 행복 증진을 위해 지금부터라도 나를 자세히 살펴보는 것이 어떨까요?

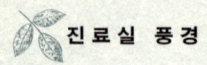 진료실 풍경

말이 쉽지, 어떻게 그렇게 해요?

며칠 전 고향 후배 H가 진료를 받으러 왔습니다. 2년 전 모 한의원에서 진료 부장으로 근무할 때 우연히 다시 만난 이후 줄곧 가족의 건강을 제게 맡기고 있는 후배였습니다.

2년 전, 15년 만에 처음 H를 만났을 때 저는 깜짝 놀랐습니다. 어릴 때의 발랄하고 귀여운 모습은 간 데 없고 삶에 지친 듯 메마르고 건조한 모습이었기 때문입니다. 반가움과 안타까운 궁금증이 교차했습니다. 잠시 이야기를 나누어 보니 겉모습만 변해 있는 것이 아니라 성격도 많이 날카롭고 예민해져 있었습니다.

H가 이렇게 변한 이유는 아이를 키우며 고생을 많이 했기 때문이었습니다. 늘 감기 등의 잔병치레를 달고 사는 아이 때문에 마음의 여유가 조금도 없었습니다. 그날도 아이 보약을 지으려 한의원을 검색하다가 홈페이지를 통해 우연히 제가 근무하는 곳을 알고 찾아온 것이었습니다. 잠깐 반가움을 나눈 후 진료가 시작되자 H는 이내 푸념조로 이야기를 시작했습니다.

"오빠, 내가 미치겠어. 우리 딸이 감기가 안 떨어져. 한번 걸렸다 하면 한 달씩 가기 일쑤고, 치료 도중에 잠깐 방심하면 폐렴으로 발전하고, 다 나았다 싶다가도 밖에만 나갔다 오면 또 걸려. 아프면 밤에 잠도 잘 못 자고 밥도 잘 안 먹는데, 감기를 달고 사니까 사실상 거의 매일 잠 못 자고 밥 안 먹는 거야. 지금 세 살인데 3년 동안 내내 그렇게 살았어. 내 몸 힘든 것도 힘든 거지만 아이 아픈 걸 매일 보려니까 사는 맛이 안 나."

우선 그날은 "H야, 나만 믿어라. 내가 너희 딸 안 아프고 건강하게 해 줄게. 믿고 두세 달만 다녀."라고 말하고 아이의 호흡기를 튼튼하게 해 주는 약을 보름분 지어 줬습니다. 이렇게 네 차례, 총 두 달분의 한약을 복용하고 나서 아이를 데리고 다시 내원한 후배의 얼굴은 많이 밝아져 있었습니다.

다행히 호흡기 면역 증진약의 효과가 좋아서 감기에 거의 안 걸렸을 뿐 아니라, 혹 감기 기운이 있다가도 저절로 나았다는 것이었습니다. 그러면서 여러 차례 고맙다고 인사치레를 했습니다. 앞으로의 치료 계획과 주의 사항, 권장 사항 등을 설명하는 것으로 아이의 진료를 마무리 지은 후, 처음 만났을 때부터 하고 싶었던 이야기를 꺼냈습니다.

"근데 내가 볼 때는 네가 잘하면 아이가 더 건강해질 것 같다."

아이가 더 건강해진다는 말을 듣자 H가 적극적으로 물어 왔습니다.

"정말? 내가 어떻게 하면 되는데? 우리 아이가 건강해진다면야 뭐든지 할게."

"응. 네가 여유롭고 행복해지면 좋겠다."

예상치 못했던 말인 듯 잠깐 아무 말도 안 하던 후배가 긴 한숨과 함께 기운 없는 목소리로, "그래, 오빠. 나도 여유롭고 행복해졌으면 좋겠어. 사실 애 낳고 지금까지 늘 불안하고 초조한 날들이었거든. 이제 오빠 덕분에 아이가 건강해졌으니까 좋아지겠지."라고 하였습니다.

그 말을 듣고 저는 고개를 가로저으며 말했습니다.

"아니, 솔직히 말해 봐. 네 딸이 두 달은 감기에 안 걸렸지만 그렇다고 네 마음이 편해진 건 아니잖아? '다시 아프지 않을까?' 하고 속으로는 여전히 불안해하고 전전긍긍해하잖아?"

그렇다고 인정하는 후배에게 저는 계속 이야기했습니다.

"아이들은, 특히 세 살밖에 안 된 네 아이처럼 어린 아이들은 엄마 심리 상태의 영향을 알게 모르게 많이 받거든. 아무것도 아닌 감기인데도 엄마가 '아, 큰일 났다.'라고 호들갑을 떨면 아이는 '정말 내가 큰 병에 걸렸나 보다.'라고 불안감을 갖게 돼. 이런 불안감은 아이의 면역계를 혼란시켜서 질병에 대한 저항력을 떨어뜨리고 결국 병을 키우는 결과를 초래하거든."

"그럼 내가 극성이라서 아이가 더 많이 아팠던 거란 말이야?"

"하하하, 그렇게 자책하는 표정을 지으며 말할 필요는 없어. 다른 아이들보다 자주 아픈 세 살짜리 아이를 둔 엄마라면 누구나 너처럼 반응했을 거야. 내 말은 앞으로야. 다행히 아이가 많이 건강해졌으니 이제 걱정과 불안의 부정적 상념을 '넌 건강하게 잘 자랄 거야.', '어, 또 감기 걸렸네? 하지만 이제 강해졌으니 쉽게 넘어가겠지.'라는 믿음과 신뢰의 긍정적 마음으로 대체하라는 거야. 엄마의 불안감이 아이한테 전해져 부정적 영향을 미치듯 엄마의 믿음도 아이한테 전해져서 긍정적 영향을 미치거든. 무슨 말인지 알겠지?"

"응, 알았어. 노력해 볼게."라고 말하며 진료실을 나서는 후배를 배웅하며 다시 한 번 못을 박았습니다.

"절대 잊지 마. 네가 여유롭고 행복한 만큼 아이도 그렇게 된다는 것을."

그 후에도 H는 한의원을 여러 번 찾아왔고, 저는 후배가 찾아올 때마다 늘 여유롭고 행복한 삶을 살라는 내용의 말을 반복해서 전했습니다. 원래 근본이 밝은 사람이라 그런지 후배는 볼 때마다 긍정적인 방향으로 바뀌어 갔습니다.

그러던 중 제가 다니던 곳을 그만두고 개인 한의원을 시작하는 등 여러 가지 사정 때문에 못 만나다가 몇 달 만에 후배를 다시 만난 것이 며칠 전이었습니다. 오랜만에 다시 만난 H의 얼굴은 예전보다 많이 편해 보였습니다. 하지만 여전히 내면에 갈등이 있는 것 같았습니다. 그래서 다음과 같이 분명하게 이야기했습니다.

"사람은 생각을 할 줄 알잖아? 생각을 할 줄 안다는 게 사람의 위대한 점인데 이 생각이란 도구를 잘 못 쓰는 사람들이 참 많은 것 같아. 대부분이 과거에 대한 후회, 현재에 대한 불만, 미래에 대한 불안 등의 생각들로 늘 자신을 불편하게 달달 볶으며 사는 것 같다. 내 생각으로 나를 들볶으니 결국 내가 나를 괴롭히는 거잖아? 내가 임상을 십 년 넘게 하면서 많은 사람들을 진료했는데, 하면 할수록 점점 더 확신이 서는 건 '자신의 몸과 마음을 가장 괴롭히는 것은 바로 자기 자신이다.'라는 사실이야. 그런데 너도 그중의 한 명인 것 같다."

말을 마치자 후배가 기다렸다는 듯이 동조를 하였습니다.

"맞아. 내가 생각해도 내가 나를 제일 힘들게 하는 것 같아."

이 말을 들으니 가슴이 살짝 아팠습니다. 얼마나 자기가 자신을 괴롭혔으면 이야기를 듣자마자 바로 동의를 하는 걸까요?

"네가 내 말을 듣자마자 바로 이해를 하는 건 그만큼 네가 너 자신을 많이 괴롭혔기 때문이고, 또 다행히 이제는 그 패턴에서 어느 정도 벗어나서 너를 객관적으로 볼 수 있게 됐기 때문이거든? 이제 네 딸도 또래 아이들에게 빠지지 않을 정도로 건강해졌으니까 지금부터는 너 자신을 행복하게 해 주는 데 힘을 쏟도록 해 봐. 쓸데없는 걱정과 불안으로 너를 불편하게 만들지 말고 편안함과 여유로운 마음으로 너를 행복하게 해 주란 말이야."

"알았어, 오빠. 근데 말이 쉽지, 원래 성격이 있고 살아온 습관이 있는데 그렇게 쉽게 바뀌겠어? 사실 몇 번 시도해 봤는데 안 되더라고. 막상 상황이 닥치니까 예전하고 똑같이 짜증나고 불안하고 초조하고 신경질도 나고."

저는 행복하기 위해 노력한 것은 정말 잘했다고 칭찬해 주면서 덧붙였습니다.

"정말 냉정하고 차분한 마음으로 잘 생각해 봐. 내가 나를 괴롭히면 그 결과로 뭐가 남겠니? 내가 나를 이런저런 생각으로 들볶으며 몰아붙이면 내 안에 부조화와 불균형이 자리 잡게 돼. 부조화와 불균형은 몸과 마음의 생리 기능을 왜곡시켜 질병을 일으키고. 즉 내가 나를 괴롭힌 결과는 병뿐이야. 네가 앓고 있는 심한 위염도 그런 과정을 거쳐서 생긴 거야. 이미 생긴 증상은 내가 지어 준 약을 먹으면 좋아질 거야. 하지만 계속 기존의 패턴을 고집한다면 네가 계속해서 병을 만들고 있는 것과 마찬가지니 조금 좋아지다가 다시 재발하지 않겠어? 감기약 먹으면서 찬 바람 맞고 눈싸움하면 낫지 않는 것과 마찬가지야."

"……."

"네 사고나 행동의 패턴을 새로운 것으로 바꾸려 억지로 노력하지 마. 그렇게 하면 그게 또 새로운 스트레스가 될 가능성이 커. 그러니까 지금 내 사고와 행동의 패턴이 내게 가져다주는 것이 무엇인지 그걸 정확하게 살펴봐. 행복을 주는지 불행을 주는지 말이야. 여기에 대한 명확한 이해가 생기면 네가 억지로 노력하지 않아도 너도 모르게 너를 행복하게 해 주는 쪽으로 패턴이 바뀌어."

저는 사뭇 진지한 표정으로 "응, 오빠. 해 볼게."라고 말하며 진료실을 나서는 후배의 얼굴에서 희망을 읽으며 그날의 진료를 기분 좋게 마쳤습니다.

과거도 미래도 현재보다 중요하지 않다

　사람에게는 살아온 세월만큼 많은 기억이 있습니다. 골목길에서 술래잡기를 하던 어린 시절의 기억에서부터 친구가 무엇보다 소중했던 학창 시절의 기억, 첫사랑의 아련한 기억, 신혼여행의 달콤한 기억 등 많은 종류의 기억이 있습니다. 하지만 기억은 종류가 아무리 많아도 좋은 기억과 나쁜 기억의 두 가지로 분류할 수 있습니다.
　내게 기쁨과 만족을 주었던 경험은 좋은 기억으로 남고, 불편과 고통을 주었던 경험은 나쁜 기억으로 남습니다. 당시 경험이 어떤 종류였냐에 따라 기억을 떠올릴 때 내가 받는 느낌도 달라집니다. 좋은 기억을 떠올릴 때는 흐뭇함을 느끼고, 나쁜 기억을 떠올릴 때는 불쾌감을 느낍니다. 워낙 강렬한 경험이라 생각할 때마다 가슴이 두근거릴 정도로 즐거운 기억도 있고, 떠오를 때마다 가슴이 아릴 정도로 고통스러운 기억도 있습니다.
　하지만 기억은 단지 기억일 뿐입니다. 기억은 아무런 실체가 없습니다. 기억 속의 인물이나 사건이 현재의 내게 할 수 있는 것은 아무것도 없습니다. 함께 운동장을 뛰어다닐 수도 없고, 첫 키스를 해 줄 수 있는 것도 아니고, 마음에 쏙 드는 선물을 해 줄 수 있는 것도 아닙니다. 욕설을 할 수도 없고, 배신을 할 수도 없고, 신체에 위해를 가할 수도 없습니다. 좋은 기억이건 나쁜 기억이건 기억은 현재의 나에게 실제적 영향을 미칠 아무런 힘이 없는 것입니다.

그럼에도 불구하고 우리 주변에는 과거의 기억 때문에 현재의 삶에 큰 영향을 받는 사람들이 많습니다. 그것도 좋은 영향을 받는 사람보다는 오래전에 있었던 나쁜 경험에 대한 기억 때문에 현재까지 상처와 고통을 받는 사람이 많습니다. 실체가 없는 과거의 기억이 실체인 현재의 나를 불편하게 하는 것입니다. 마치 꿈처럼 아무런 실체가 없는 기억이 어떻게 이처럼 현재의 나에게 부정적 영향을 미칠 수 있는 걸까요?

그것은 바로 내가 기억에 힘을 부여하기 때문입니다. 내가 기억을 불러오면서 동시에 그 경험을 할 때 느꼈던 감정을 다시 불러내기 때문에 마치 실제 상황처럼 기억 속의 일을 재경험하는 것입니다.

과거에 대한 기억은 필요합니다. 좋은 경험은 반복 경험하고 나쁜 경험은 피해갈 수 있는 정보를 주기 때문입니다. 따라서 지나간 기억은 단지 현재의 삶을 잘 살기 위한 정보에 불과합니다. 정보는 정보로 이용하면 그뿐이지 거기에 휘둘릴 필요가 없습니다.

다행히 기억에는 아무런 힘이 없고, 기억에 힘을 부여할지 말지를 결정하는 것은 바로 나입니다. 내가 기억에 감정을 부여하지 않으면 기억은 그냥 정보로 존재할 뿐입니다. 그러니 이제 기억에 관한 나의 권한과 능력을 나의 건강과 행복을 위해 사용하는 게 어떨까요? 더 이상 과거의 기억, 특히 나쁜 기억 때문에 현재의 나를 힘들게 할 필요는 없지 않을까요? 이왕 과거의 기억에 영향 받을 것이라면 좋은 기억을 반복 재생하여 현재의 삶에 긍정적 영향을 주는 것이 나의 권한과 능력을 제대로 쓰는 것 아닐까요?

과거에 있었던 일은 좋은 경험이든 나쁜 경험이든 기억 속에나 있지 현재에는 없습니다. 그렇다면 '나쁜 경험은 나빴던 것이라 생각만 해도 기분 나쁘고, 좋은 경험은 이미 지나가 버려서 기분 나쁘다.'라고 생각하는 것보다는 '나쁜 경험은 이미 지나가 버려서 기분 좋고, 좋은 경험은 좋았던 것이라 지금도 기분 좋다.'라고 생각하는 편이 나의 건강과 행복에 훨씬 더 긍정적 영향을 미칠 것입니다.

미래에 대한 생각 역시 마찬가지입니다. 아직 오지 않은 미래에 대한 생각은 현재의 내가 과거의 경험을 토대로 그려 보는 하나의 예상도입니다. 예상도는 그것이 좋든 나쁘든 말 그대로 실체가 없는 예상도일 뿐입니다. 예상도 속의 인물이나 사건이 현재의 내게 영향을 미칠 수 있는 것은 전혀 없습니다. 별장을 사 줄 수도 없고, 해외

여행을 시켜줄 수도 없고, 사람들의 존경과 칭송을 받게 해 줄 수도 없습니다. 사업을 망하게 할 수도 없고, 건강을 잃게 할 수도 없고, 가족과 헤어지게 할 수도 없습니다. 좋은 예상도이건 나쁜 예상도이건 현재의 나에게 실제적 영향을 미칠 아무런 힘이 없는 것입니다.

그럼에도 불구하고 우리 주변에는 미래의 예상도 때문에 현재 삶에 큰 영향을 받는 사람들이 많습니다. 그것도 긍정적 예상도보다는 부정적 예상도 때문에 불안감과 초조함을 느끼는 사람이 많습니다. 실체가 없는 미래에 대한 생각이 실체인 현재의 내게 불편을 주는 것입니다. 마치 신기루처럼 실체가 없는 예상도가 어떻게 이처럼 현재의 나에게 부정적 영향을 미칠 수 있는 걸까요?

그것은 바로 내가 예상도에 힘을 부여하기 때문입니다. 내가 미래에 대한 생각을 하면서 동시에 그걸 경험하게 되면 느끼게 되리라 짐작되는 특정 감정을 과거 경험에 근거해 만들어 내기 때문에, 마치 실제 상황을 겪는 것처럼 미리 경험하는 것입니다.

미래에 대한 예상도는 필요합니다. 과거의 경험이 반영된 예상도를 통해 나쁜 경험을 겪게 될 확률은 최대한 낮추고 좋은 경험을 겪게 될 확률은 최대한 높일 수 있기 때문입니다. 하지만 예상도는 앞으로 현재가 될 미래를 잘 살기 위한 정보에 불과합니다. 그 미래의 예상도 때문에 이미 다가온 현재의 삶이 휘둘릴 필요는 없습니다.

다행히 예상도에는 아무런 힘이 없고, 예상도에 힘을 부여할지 말지를 결정하는 것은 바로 나입니다. 내가 예상도에 감정을 부여하지 않으면 예상도는 그냥 정보로 존재할 뿐입니다. 그러니 이제 예상도에 관한 나의 권한과 능력을 나의 건강과 행복을 위해 사용하는 게 어떨까요? 더 이상 미래의 예상도, 특히 부정적 예상도 때문에 현재의 나를 힘들게 하지 않는 게 좋지 않을까요? 이왕 미래의 예상도에 영향 받을 것이라면 긍정적 예상도를 통해 현재의 삶에 긍정적 영향을 받는 것이 나의 권한과 능력을 제대로 쓰는 것 아닐까요?

미래에 올 일은 긍정적 예상이든 부정적 예상이든 생각 속에나 있지 아직 현재에는 없습니다. 그렇다면 '부정적 예상은 생각만 해도 기분 나빠서 지금도 기분 나쁘고, 긍정적 예상은 아직 이루어지지 않아서 기분 나쁘다.'라고 생각하는 것보다는 '부정적 예상은 아직 이루어지지 않아서 기분 좋고, 긍정적 예상은 생각만 해도 기분 좋아서 지금도 기분 좋다.'라고 생각하는 쪽이 나의 건강과 행복에 훨씬 더 긍정적 영향을 미칠 것입니다.

살다 보면 스트레스 받는 상황이 없을 수는 없습니다. 그런데 자세히 살펴보면 정작 '스트레스 받는 상황이 주는 스트레스의 양'보다는 '그 상황을 반복하는 내 생각 때문에 생기는 스트레스의 양'이 더 큰 경우가 많습니다. 예를 들어 상사의 애꿎은 화풀이 대상이 되어 스트레스 받은 경우, 상사에게 욕먹은 시간은 10분인데 '아휴, 그때 일은 생각만 해도 기분 나빠.'라며 반복 재생하는 자기 생각 때문에 며칠 동안 더 스트레스를 받기도 합니다. 또 실적이 저조한 경우 실제 상사에게 혼나는 시간은 10분도 안 되는데 그걸 미리 상상하여 며칠이나 불안해하기도 합니다.

이처럼 과거의 기억과 미래의 예상으로 실제 상황보다 더 많이 나를 불편하게 만드는 일은 이제 멈추어야 하지 않을까요? 내가 쓰기 나름인 과거의 기억과 미래의 예상을 긍정적으로 사용하여 모든 사람이 자신의 건강과 행복을 증진시키길 바랍니다.

지금 가진 것을 충분히 누려라

　며칠 전 모 증권사 지점장과 점심 식사를 하던 중 부자에 대한 이야기를 나누게 되었는데, 이 지점장이 이런 이야기를 해 주었습니다.
　"부자들은 보통 돈을 한 군데 맡기지 않고 몇 군데로 나누어서 맡겨요. 그렇기 때문에 고액을 예탁하는 고객의 경우 적어도 한 지점에 맡기는 돈의 3~4배의 현금 자산이 있다고 봐야 해요. 가령 50억을 맡기면 150~200억 정도의 현금 자산이 있다고 봐야 하는 거죠. 그런데 이런 분들을 보면 옷차림이 참 평범해요. 제 고객 중에도 수백 억대 재산가가 한 분 계신데 그분은 주로 면 바지에 점퍼 차림으로 다니세요."
　증권사 지점장이 하고픈 말은 부자들의 검소함이었던 것 같습니다. 하지만 저는 이미 은행에 근무하는 후배로부터 비슷한 이야기를 몇 번 들은 적이 있는 터라 다른 곳에 관심이 있었습니다.
　'그렇게 돈이 많은 사람은 그 돈을 어떤 식으로 사용하여 자신을 행복하게 해 줄까?'
　하지만 저의 물음에 대한 지점장의 대답은 실망스러웠습니다.
　"글쎄요, 그것에 대해선 이야기를 나눈 적이 없어요. 다만 그 재산가의 목표는 1,000억을 모으는 것이래요. 거의 그 근처에 도달해 있는 것 같더라고요."

　수백 억대 재산을 가진 사람은 어떻게 자신을 행복하게 해 주는지 궁금했던 제게 그 재산가의 목표를 아는 것은 아무런 재미가 없었습니다. 저는 '재산이 1,000억이든 2,000억이든 그걸로 어떻게 자신과 그 주변을 즐겁고 행복하게 해 주느냐?'가 궁금했던 것입니다. 결국 원하는 내용을 듣지 못한 저의 머릿속에 문득 어린 시절 텔레비전에서 보았던 「전설의 고향」 이야기가 떠올랐습니다.

　오래전이라 정확하게 기억나지는 않지만 「전설의 고향 – 만석꾼 이야기 편」의 내용은 다음과 같았습니다. 참고로 1석이 2가마, 만석은 2만 가마이므로 만석꾼이라 하면 한 해 2만 가마의 쌀을 수확할 정도의 부자를 의미합니다. 쌀 한 가마 값을 16만 원으로 계산하면 32억 원인데, 그때의 쌀 가치는 지금보다 훨씬 더 높았으므로 만석꾼은 한 해 최소 32억 원 이상의 수입을 올리는, 그 당시로는 보기 드문 대단한 부자라고 생각하면 될 듯합니다.

　갖은 고생 끝에 자수성가에 성공한 주인공은 만석꾼을 목표로 더욱 열심히 일하였습니다. 그런데 이상하게도 항상 만석꾼의 꿈이 이루어지기 직전에 나쁜 일이 일어났습니다. 심한 가뭄이 든다든지 창고에 불이 난다든지 전염병이 돈다든지 하여 만석꾼이 되기 직전에 좌절하고 마는 것이었습니다. 아무리 이를 악물고 절약하고 돈을 벌려 애를 써도 만석꾼 직전에 좌절하기를 10년이 넘자 드디어 주인공은 결단을 내립니다.

'이건 하늘이 내가 만석꾼 되는 것을 허락하지 않는다는 뜻이다. 내게 허락된 건 9천 석 부자까지다. 그렇다면 9천 석 부자로 만족하고 살아야겠다.'

이후 이 사람은 돈을 쓰기 시작합니다. 아무런 대가 없이 일정액은 굶주리는 농민들 구휼 자금으로 빌려 주고 일정액은 황무지 개간 자금으로 빌려 주는 등 가난한 백성들에게 많은 도움을 줍니다. 이 소문을 듣고 먼 곳에 사는 백성들까지 찾아와서 도움을 청하는데 그는 이 청을 모두 들어줍니다.

9천 석 부자만 해도 워낙 튼실한 재산가라 웬만큼 돈을 써도 전혀 흔들림이 없었던 것입니다. 이렇게 백성들 돕기를 10여 년 하자 근처 백 리 안에 이 집 도움을 받지 않은 집이 없었습니다. 그런데 신기한 것은 백성들을 본격적으로 돕기 시작한 다음 해부터 주인공이 드디어 만석꾼이 된 것입니다. 백성들한테 빌려 주는 것에 상관없이 그 집 수입은 늘 9천 석이라 전해에 빌려준 1~2천 석을 돌려받으면 항상 그해 수입은 1만 석이 넘었던 것입니다.

그러자 주인공이 하늘을 보며 탄식하듯 이야기하는데 이 장면을 끝으로 전설의 고향은 끝이 납니다.

'만석꾼은 혼자 되는 것이 아니라 백성들하고 함께 이루는 것이구나.'

이 장면과 함께 나레이터의 '이 이야기는 C 마을에 전해 내려오는 것인데, 함께 어울려 살 때 자신이 원하는 부를 이룰 수 있음을 알려 주는 교훈적 이야기라 하겠습니다.'라는 말이 흐릅니다.

이는 권선勸善을 강조한 전형적인 옛날이야기라 할 수 있습니다. 그런데 『동패낙송東稗洛誦』이라는 문헌에 이와 비슷하지만 훨씬 더 현실적인 이야기가 기록되어 있습니다.

무일푼이던 주인공은 피눈물 나는 노력으로 드디어 9천 석 부자가 됩니다. 하지만 목표인 만석꾼이 되지 못했다며 아버지 제사상에 보리밥과 동네 개천에서 잡은 물고기 3마리를 올립니다. 주위에서 9천 석 부자가 제사도 제대로 지내지 않는다고 욕하고 비웃었지만 그는 개의치 않았습니다. 그리고 이렇게 악착같이 돈을 모아 드디어 만석꾼이 되었습니다.

그는 목표를 이루고 나자 달라졌습니다. 돈을 쓰기 시작했던 것입니다. 노자가 없어 과거 시험을 보러 가지 못하는 유생들에게 말 한 필과 노자 50냥을 공짜로 나누어 주었습니다. 마을을 지나는 나그네에게 푸짐한 식사를 대접했고, 길거리에 쓰러져 신음하는 거지들을 치료해 주고 먹여 주었습니다. 힘겹게 모은 돈을 아낌없이 필요로 하는 사람들과 나누어 쓴 것입니다. 그 결과 만석꾼의 도움을 받고 입신출세한 사람이 많이 생겼습니다. 하지만 아쉽게도 이 사람들이 자리를 잡고 만석꾼의 은혜를 갚으러 고향에 돌아왔을 때, 만석꾼의 집은 이미 몰락하여 폐허가 된 이후였고 만석꾼의 행방은 아무도 모르는 상태였습니다.

앞의 이야기에 나오는 만석꾼과 뒤의 이야기에 나오는 만석꾼 중 누구의 삶이 더 좋아 보이는지는 보는 사람의 관점에 따라 다를 것입니다.

어쨌거나 두 이야기를 통해 제가 하고자 하는 말은 '누구의 삶이 더 좋으냐?'가 아니라, '두 만석꾼 모두 돈이 궁극적 목표가 아니었다.'라는 것입니다. 두 만석꾼에게 돈은 자신이 하고 싶은 일을 하게 해 주는 하나의 도구에 불과했습니다. 그들이 자신의 건강과 행복을 위해 무엇을 했는지는 알 수 없지만 적어도 이웃들의 건강과 행복을 위해 자신의 돈을 널리 사용한 것만은 분명합니다. 즉 이들에게 돈은 사람의 건강과 행복을 위한 도구일 뿐이었던 것입니다.

증권 지점장이 언급한 수백 억대 재산가의 목표는 1,000억을 모으는 것입니다. 이 재산가가 목표를 달성하고 나서 그 돈을 어떻게 쓸지는 아무도 알 수 없습니다. 두 만석꾼처럼 어려운 이웃을 위해 쓸 수도 있고, 장학 재단에 기부할 수도 있고, 자식에게 모두 물려줄 수도 있고, 펑펑 쓰며 호화로운 생활을 할 수도 있을 것입니다. 어떻게 무엇을 하든 그건 전적으로 그 사람의 자유입니다.

다만 그 사람이 제 앞에 있다면, "2,000억을 목표로 다시 허리띠를 졸라매지는 말아 주십시오. 이제 그 돈으로 최대한 건강하고 행복하게 살아 주십시오. 세상 사람들에게 표본이 될 정도로 건강하고 행복하게 살아 주십시오."라고 부탁하고 싶습니다.

1,000억이면 말이 쉬워 1,000억이지 실제로는 천문학적인 돈입

니다. 이렇게 큰돈을 가진 재산가의 최우선 순위가 나를 최대한 건강하게 해 주고 행복하게 해 주는 것이 아니라면 뭔가 잘못된 것이 아닐까요? 처음에 그 사람이 돈을 버는 목적은 자신의 건강과 행복을 위한 것이었을 텐데, 1,000억을 가지고도 다음 목표를 향해 자신을 채찍질한다면 이는 원래의 목적을 망각한 것이 아닐까요?

  1,000억 재산가가 더 이상 재물 추구하기를 멈추고, 자신의 건강과 행복을 최우선 순위로 삼아 그야말로 건강하고 행복하게 사는 모범을 보여 준다면, 우리 사회는 많이 달라질 것입니다. 그런 사람이 치열한 경쟁, 정확한 분석, 과감한 판단, 손해에 대한 걱정, 잦은 회의와 술자리 등 사업상의 여러 가지 스트레스를 모두 떨쳐 버리고, 여유롭고 평화로운 모습으로 자신이 이미 성취한 것을 이용해 건강과 행복을 최대한 누리는 모습을 보여 준다고 생각해 보십시오.

  우선 비슷한 재산을 가진 사람들이 '나도 저만한 돈이 있는데 괜히 스트레스 받으며 살았구나. 나도 이제 저렇게 살아야겠다.'라고 생각하고 여유롭고 편안하게 변할 것입니다. 1,000억대 재산가가 이렇게 바뀌면 이젠 100억대 재산가가 '저 사람들 사는 것을 보니 참 좋아 보이네. 나도 어서 1,000억 모아서 저렇게 살아야지. 아니야, 100억만 해도 먹고사는 데 아무런 지장 없잖아? 그래, 나도 이제 힘겹게 돈 버는 일은 그만두고 저 사람들처럼 여유롭고 편안하게 살아야겠다.'라고 생각하고 삶의 모습을 바꿀 것입니다.

일단 이렇게 돈 많은 재산가들의 삶이 여유롭고 행복하게 바뀌면 그들의 삶의 모습이 하나의 지향점이 될 것입니다. 지금처럼 돈을 버는 것이나, 고위직에 오르는 것이나, 자기 분야에서 1등을 하는 것이 아니라, 여유롭고 건강하고 행복하게 사는 것이 삶의 목표가 될 것입니다. 이렇게 되면 사람들은 아직 충분한 돈을 모으지 못해도, 아직 충분한 지위에 오르지 못해도, 아직 자기 분야에서 1등이 아니라도 가능한 한 자기 형편에 맞게 여유와 건강과 행복을 누리려고 시도할 것입니다.

가지고 힘 있는 사람들이 더 가지고 더 큰 힘을 얻으려는 추구를 멈추고, 이미 가진 것으로 자신의 삶을 건강하고 행복하게 가꾸기 시작할 때 우리 사회 전체가 바뀌는 것입니다. 어서 빨리 이런 날이 왔으면 좋겠습니다.

만족을 모르는 사람은
부유하더라도 가난하고,
만족을 아는 사람은
가난하더라도 부유하다.
- 석가모니 -

세상을 탓하지 말라

「사랑과 야망」이라는 드라마가 있습니다. 80년대 중반에 크게 인기를 끌었었는데, 최근 리메이크되어 방영되면서 다시 한 번 인기를 끌었습니다. 이 드라마에 나오는 인물 중 박태수의 딸로 나오는 수경이라는 중학생이 있습니다. 똑똑하고 예쁜 여학생이지만, 박태수의 집안은 이 학생 때문에 분란이 끊이지 않습니다. 일부러 틀린 답을 써서 시험을 망치기까지 할 정도로 새엄마에 대한 증오가 크기 때문입니다.

자신을 2살 때부터 정성껏 길러 줬고, 주변의 모든 사람이 칭찬할 정도로 성품이 고운 새엄마지만, 수경에게는 오직 원망의 대상일 뿐입니다. 새엄마 때문에 아버지가 친어머니와 헤어졌고, 그 결과 친어머니가 고생하며 산다고 생각하여 몇 년째 새엄마에게 반항으로 일관합니다.

하루는 급기야 "당신 때문에 내 엄마가 저렇게 고생하는 거야. 제발 나가 줬으면 좋겠어."라고 고래고래 소리를 치며 덤비는 장면이 나왔습니다. 주위 사람들이 모두 "새엄마가 아기 때부터 널 얼마나 정성껏 키워 줬는데 그래? 이제 그만하고 새엄마를 받아들여. 네 생각만 바꾸면 온 집안이 평화로워지고 너도 편해질 것 아니니?"라고 아무리 말해도 막무가내입니다. 한집에 살기 싫으니 새엄마가 나가지 않으면 나라도 나가겠다며 독립시켜 달라고까지 말합니다.

이 장면을 보면서 저는 '마음이 분노와 원망으로 가득 차 있는데 나가 산다고 뭐가 달라질까? 설사 새엄마가 나가고 생모가 다시 돌아와 자신의 소원이 풀려도, 또 다른 분노와 원망거리를 찾아낼 정도의 마음 씀씀이인데. 나가 살면 안 보고 사니 새엄마와는 부딪치지 않겠지만 속에 가득 찬 분노와 원망 때문에 다른 누군가와, 혹은 스스로와 부딪히게 될 거야.' 라는 생각을 했습니다. 주변 환경이 아무리 달라져도 내 마음이 바뀌지 않으면 비슷한 경험을 할 수밖에 없습니다.

비슷한 업종의 대기업에서 과장으로 근무하고 있는 가까운 후배 두 사람이 있습니다. 이 두 사람은 정반대의 성향을 가지고 있는데, A는 이미 가진 것을 주로 보고 B는 아직 못 가진 것을 주로 봅니다. 공교롭게도 두 사람의 아내도 각각 남편과 비슷한 성향을 가졌습니다. 그래서 A 가족의 삶은 대체로 유쾌하고, B 가족의 삶은 대체로 무겁습니다.

몇 년 전 A의 부인이 과외를 해서 돈을 많이 벌 때, A 부부는 '맞벌이하니까 돈이 꽤 벌리는구나. 즐기며 살아야지.'라는 생각으로 여행도 하고 외식도 자주 하며 지냈습니다. 모임에서 만날 때마다 이 부부에게서는 여유가 느껴졌습니다. 이 무렵 B 부부는 'A네는 자기 집이 있으니까 저렇게 여유가 있는 거야. 우린 집도 없고, 직장에서 쫓겨나면 1년 버틸 돈도 없어. 거의 도시 빈민층 수준이야.'라는 생각으로 지냈습니다. 그래도 남들처럼 즐기며 살고 싶었는지 외형적으로는 A 부부와 비슷하게 여행도 하고 외식도 하며 지냈습니다만, 이 부부에게서는 여유를 느낄 수 없었습니다.

부인이 1년 전부터 과외를 그만둔 A네는 수입이 대폭 줄어 예전처럼 돈을 많이 쓰지는 못하지만, 저렴한 비용대를 골라 여전히 여행도 외식도 자주 합니다. 집을 팔아 지금은 전세를 살면서도, "사업에 투자한 돈이 10년 내에는 몇 배로 돌아오지 않겠어요?"라고 말하며 밝은 표정을 짓습니다. 여전히 여유롭습니다. B 부부는 몇 년째 계속 맞벌이를 하고 있습니다. 부인이 전문직에 근무하고 있어 직장도 안정적이고 수입도 비교적 높아 현재 B 부부의 수입은 A 부부의 2배가 넘습니다. 그래도 B 부부는 "우리는 한 번도 집을 가진 적이 없잖아요? 앞으로도 언제쯤 집을 살 수 있을지 모르겠어요."라고 말을 합니다. 가족끼리 여행도 외식도 자주 하지만 여전히 여유를 느낄 수가 없습니다.

　이 두 부부를 보면서 '소유물의 양과 삶의 여유는 비례하는 것이 아니다.'라는 생각을 참 많이 했습니다. 삶의 여유는 소유물이 주는 것이 아닙니다. 내가 이미 가진 것에 초점을 맞추면 삶이 여유로워지고, 내가 아직 가지지 못한 것에 초점을 맞추면 삶은 힘겨워집니다. 내 삶이 여유로우냐 아니냐는 바로 내가 무엇을 보느냐에 달려 있습니다. 즉 내 마음에 달려 있는 것입니다.

　미국 메사추세츠 의과대학 부속병원에는 존 카밧진이라는 교수가 있습니다. 명상 클리닉 센터의 개설자인 존 카밧진 교수는 '8주간의 명상 치유 과정'을 통해 환자들의 육체적 통증 및 심리적 고통 치료에 큰 성과를 거두었습니다. 호흡, 정좌 명상, 요가, 상담 등 다양한 기법을 사용하여 치료 성과를 거두었는데 이 명상 치료로 호전된 환자들의 말은 대체로 다음과 같습니다.

　"육체적 및 심리적 고통과 싸우지 않고 고통을 고요히 바라보며, 고통을 받아들이고 고통의 원인을 이해하려 노력하자 놀랍게도 통증이 반감하였습니다. 내 몸에 무슨 약을 투여한 것도 아니고 내 주변의 환경이 달라진 것도 아닌데, 나의 대응 방식이 바뀐 것만으로 내 몸과 마음의 고통이 반감하다니, 직접 겪으면서도 믿기 어려웠습니다. 상황은 하나도 바뀌지 않았지만 내가 바뀜으로서 모든 것이 달라진 것입니다. 정말 기적이라고밖에 말할 수 없습니다."

이처럼 동일한 여건 속에서도 나의 마음가짐에 따라 육체적 고통과 심리적 상처의 정도가 다르게 느껴진다는 것은 뇌의학 및 심리학 분야에서는 이미 상식입니다. 암에 대한 공포가 큰 사람은 자신이 암에 걸렸음을 인지하는 순간부터 커다란 공포를 느낍니다. 이 공포가 면역계를 혼란시켜 암에 저항하는 면역 기능을 떨어뜨림으로써 암세포의 증식이 가속화됩니다. 똑같이 암에 걸려도 덤덤하게 받아들이는 사람에 비해 훨씬 빠른 속도로 악화되는 것입니다.

이 세상은 딱 두 가지로 이루어져 있습니다. 바로 '나'와 '내가 살아가는 세상'입니다. 그런데 내가 살아가는 세상에는 내 마음에 안 드는 것이 무척 많습니다. 바꾸고 고치려 해도 잘 안 됩니다. 오히려 세상이 나를 바꾸고 고치려 해서 짜증 나고 화나는 경우가 많습니다. 세상은 어떨지 모르지만 내가 세상 때문에 스트레스를 많이 받는 것은 분명합니다. 견디기 힘들어서 이제 더 이상 스트레스를 받고 싶지 않습니다. 하지만 요지부동인 세상 때문에 나는 앞으로도 계속 스트레스를 받을 것 같습니다. '내 인생은 참으로 불행하다.'는 생각이 자주 듭니다. 나는 이제 어떻게 하는 것이 좋을까요?

'절이 싫으면 중이 떠나라.'라는 말이 있습니다. 왜 절이 아니라 중에게 떠나라고 했을까요? 그건 중이 절보다 가볍기 때문입니다. 가벼워서 잘 움직일 수 있기 때문입니다. 세상과 나 중에서 누가 더 가벼울까요? 세상이 자기 무게 때문에 움직이지 않는다면 내가 움직이면 됩니다. 우리의 삶은 아무리 복잡한 것 같아도 나와 세상과의 관계일 뿐입니다. 둘 중 하나만 바뀌면 50퍼센트가 바뀌는 것이고, 50퍼센트가 바뀌면 결국 전체가 바뀌어 내 삶의 질이 바뀌게 됩니다.

가벼운 나를 바꾸면 전체가 바뀌는데 굳이 힘들게 무거운 것을 바꾸려 용쓸 필요가 없습니다. 무거운 것을 바꾸려 하다 보면 오히려 내 삶이 원망, 분노, 좌절, 상처 등 부정적인 것으로 어두워질 가능성이 많습니다. 그러니 세상을 행복한 것으로 바꾸어 거기서 내 행복을 얻으려 하지 말고, 나를 먼저 행복하게 바꾸어 내가 세상에 행복을 주는 것이 어떨까요?

내가 긍정적으로 변하면 우선 나의 스트레스가 줄어듭니다. 내 스트레스가 줄어들면 신기하게도 세상 역시 스트레스를 적게 줍니다. 먼저 바꾸려 할 때는 꿈쩍 않던 세상이 내가 먼저 바뀌자 따라 변하는 것입니다. 이렇게 나와 세상의 화해가 시작되면 나의 삶은 점점 더 건강하고 행복해집니다.

생각만 해도 기분 좋지 않으세요? 세상을 위해서가 아니라 바로 나를 위해서 지금 당장 세상을 보는 나의 시각을 긍정적인 것으로 바꾸어 보는 게 어떨까요? 이렇게 내가 바뀌면 세상 역시 반드시 보답을 해 줄 것입니다.

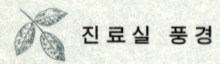 진료실 풍경

자기 자신을 구속하지 마세요

어느 날 저녁 가까운 선배와 반주를 곁들인 식사 후 2차로 근처에 있던 지하 바Bar에 갔습니다. 가볍게 맥주 한잔하면서 조용히 이야기하려는 생각이었는데 들어서는 순간부터 분위기가 심상치 않았습니다. 널찍한 홀의 한쪽에 십여 명의 늘씬한 여성들이 서 있었는데, 당황스러운 것은 아가씨들이 모두 초미니 치마에 탱크탑 차림, 혹은 이에 버금가는 노출 차림이었다는 것입니다.

'아, 여기가 말로만 듣던 섹시바라는 곳이구나.'

당황스럽기는 했지만 호기심에 자리를 잡고 앉았습니다. 술과 안주를 시키고 한 아가씨와 이야기를 시작했습니다. 나이 이야기, 고향 이야기, 결혼 이야기, 주량 이야기, 가게 인테리어 이야기 등 가벼운 이야기를 주고받다가 살짝 오른 술기운을 핑계로 하고 싶었던 말을 하였습니다.

"아가씨 참 예쁘네요. 몸매도 예쁘고 얼굴도 예쁩니다."

"네. 감사합니다."

"그런데 좀 아깝네요. 더 예뻐 보일 수 있을텐데……."

더 예뻐 보일 수 있다는 말이 흥미를 끌었는지 아가씨가 적극적으로 물어왔습니다.

"어떻게 하면 더 예뻐 보일 수 있는데요?"

"연애를 하면 예뻐진다는 말 들어 본 적 있죠? 성형 수술을 한 것도 아닌데 사랑에 빠지면 예뻐져요. 아마 주변에서 그런 친구들 본 적 있을 거예요. 왜 그럴까요? 내가 즐겁고 행복해지면 그 밝은 기운이 겉으로 드러나서 똑같은 얼굴인데도 더 예뻐 보이는 거예요.

아까도 얘기했듯이 아가씨는 참 예쁜 얼굴을 가졌어요. 그런데 밝지 않아서 예쁜 얼굴이 100퍼센트 빛을 못 보고 있어요. 밝아지면 훨씬 더 예뻐질 거예요."

제가 말을 마치자 아가씨는 "네. 알겠습니다. 이렇게 웃으면 되죠?"라고 농담조로 웃으며 활짝 웃어 보였습니다. 하지만 직업상 웃어 보이는 것이지 정말 즐거워서 웃는 웃음은 아니었습니다.

"아가씨, 이 일이 힘들어서 그래요, 아니면 다른 이유가 있어요? 전혀 행복해 보이질 않아요."라고 진지하게 물었더니 처음에는 자꾸 말을 다른 데로 돌리다가 결국 나의 집요함에 항복이라도 하듯 "그래요. 맞아요." 하며 자신의 이야기를 솔직하게 털어놓았습니다.

"이 일로 스트레스를 참 많이 받아요. 술 취한 남자 손님들의 짓궂은 농담이나 추태도 스트레스지만 그건 그래도 참을 만해요. 하지만 가끔 남자 손님들과 함께 오는 여자 손님들의 눈길은 참기가 어려워요. 안 그런 분들도 있지만 대부분 경멸의 시선을 보내거든요. 전 실제로 '참 한심하게 사는구나.'라는 말을 들은 적도 있어요. 그날은 정말 열 받아서 미쳐 버리는 줄 알았어요. 그 후부터는 여자 손님이 오기만 하면 가슴이 철렁 내려앉으면서 짜증이 나요. 그런데 왜 이런 곳에서 계속 일하느냐구요? 돈이 필요해서요. 여기서 일하면 다른 곳보다 많은 돈을 벌 수 있거든요."

시골에 병든 부모님이 계시거나 먹여 살려야 할 동생들이 있냐고 물었더니 그녀는 이날 처음으로 정말 재미있다는 듯 크게 웃으며 말을 이었습니다.

"아저씨, 지금 영화 찍어요? 제가 여기 나오는 건 병든 부모님 때문도, 부양할 가족들 때문도 아니에요. 저희 집 먹고살 만해요. 근데 수술비를 안 줘서 수술비 벌러 나온 거예요. 코하고 눈하고 몇 군데 고치고 싶은 데가 있거든요."

성형 수술비 때문이라는 말을 듣고 황당해서 멍하니 쳐다보고 있었더니 그녀는 그런 제 표정이 재미있다며 또 한 번 크게 웃고는 계속 말을 했습니다.

"왜 성형 수술을 하려고 하냐구요? 예뻐지고 싶어서 그러죠. 아저씨, 바보예요?"

제법 친해졌다고 생각하는지 편하게 말을 하는 아가씨에게 내가 볼 때는 이미 충분히 예쁜데 대체 왜 성형 수술을 하려고 하느냐고 물었더니 그녀는 "네. 저도 알아요. 사귀자고 따라다니는 남자들도 많았고, 여기서도 저 예쁘다고 하는 손님들 많으세요. 하지만 전 제 눈하고 코가 마음에 안 들어요. 눈하고 코만 조금 고치면 훨씬 더 좋을 것 같아서 수술하려고 하는거예요."라고 대답하였습니다.

여기까지 듣고 나자 저의 머릿속에는 '자승자박 自繩自縛(자기가 자기를 얽어매어 힘들게 함)'이라는 단어가 떠올랐습니다. 저는 마치 한의원 내원객에게 하듯이 조근조근 이야기하였습니다.

"많은 사람들이 말한 것처럼 아가씨는 충분히 예뻐요. 그 정도면 충분해요. 내 생각에는 만족해도 될 것 같아요. 그런데 아가씨는 만족하지 못하고 성형 수술비를 마련하기 위해 큰 스트레스를 참아가며 여기서 일을 하고 있어요. 뭔가 좀 이상하지 않아요?

차분히 잘 생각해 봐요. 아가씨가 예뻐지려고 하는 이유가 뭐지요? 예뻐지면 내 만족과 행복이 더 커질 것이라고 생각하기 때문이잖아요? 그럼 그냥 자신이 예쁘다는 걸 인정하고 만족과 행복을 누리면 되잖아요? 왜 많은 사람들이 인정하는 미모를 자신만 인정하지 않아서 스스로를 힘든 상황으로 몰고 가는 거예요? 왜 쉬운 길 두고 어려운 길로 가느냐고요.

코와 눈을 고치면 더 예뻐진다고 누가 그래요? 코가 그래요, 눈이 그래요? 바로 아가씨가 그렇게 생각하고 있잖아요? 그러니까 아가씨 생각만 바꾸면 되는 거예요. 스트레스 받으며 돈 모아서 얼굴에 칼 대서 눈과 코 바꾸는 것보다 아가씨 생각 하나 바꾸는 게 훨씬 쉽게 만족과 행복을 얻을 수 있는 방법인 것 같지 않아요?"

그녀는 저의 긴 이야기를 듣고 나서도 전혀 생각을 바꾸려 하지 않았습니다. 아니, 아예 생각해 보려 하지도 않았습니다. "이렇게 스트레스를 받으며 계속 일하면 몸에 병이 생길 거예요."라고 경고를 해도 아랑곳하지 않았습니다. 안타까웠지만 끝내 아가씨를 묶고 있는 밧줄을 풀 수는 없었습니다. 스스로 묶은 밧줄은 묶은 당사자인 자신의 동의와 협조가 있어야만 풀리기 때문입니다. 자승자박의 무서움을 실감한 밤이었습니다.

약간의 부족함을 즐겨라

우리 주변에는 완벽주의자들이 의외로 많습니다. '내가 맡은 일은 완벽하게 해내고야 말겠다.'는, 소위 프로 정신을 가진 사람들이지요. 자기가 맡은 일을 책임지고 잘 해내는 것은 개인의 성취감을 위해서도, 기업의 이익 증대를 위해서도, 나라의 경제 발전을 위해서도 아주 권장할 만합니다.

그런데 문제는 완벽주의 성향이 강할수록 스트레스 받는 양이 커서 결국 몸과 마음의 질병으로 이어지는 경우가 많다는 점입니다.

제가 아는 사람 중에는 크게 성공한 사업가가 한 명 있습니다. 저와 비슷한 나이인데 벌써 전국 체인망을 갖춘 사업체의 사장이고, 해당 업계에서는 돈과 명예를 모두 얻은 사람으로 인정받고 있습니다. 그런데 이 사업가는 완벽주의 성향이 강합니다. 일의 기획 단계에서부터 구체적 실행 과정까지 일일이 치밀하고 꼼꼼하게 점검합니다. 아마도 이런 치밀하고 꼼꼼한 성향이 현재의 성과를 이루는 밑바탕이었을 것입니다.

사업가의 완벽주의 성향의 결과는 각 체인점의 매출액에서 수치로 드러났습니다. 사업가가 오래 머무르며 업무를 지휘한 직영점의 매출액은 그렇지 않은 직영점들이나 비직영점의 매출액보다 항상 높았습니다. 다른 곳보다 규모나 입지 등의 조건이 열악한 매장이라 할지라도, 사업가가 2~3개월 상주하며 업무를 지휘하면 매출과 순이익이 큰 폭으로 증가했습니다. 여기에 자신을 얻어 현재 사업가는 자신만의 업무 관리 시스템을 직영점뿐 아니라 다른 모든 체인점에 동일하게 적용하는 작업을 진행하고 있습니다. 이 작업이 끝나면 매출과 순이익은 더욱 증가할 것이고 사업가의 입지는 더욱 탄탄해질 것입니다.

그런데 이 회사에는 문제가 하나 있습니다. 직원들의 이직률이 높은 것입니다. 급여도 밀리지 않고 근무 환경도 나쁘지 않은데 이상하게 직원들이 자주 그만둬서 매니저를 제외한 전 직원이 1년 사이에 모두 바뀌는 경우도 있었습니다. 경기 침체로 취업하기도 어려울 텐데 왜 잘나가는 업체를 스스로 그만두는 것일까요?

사업가가 알고 있는지 여부는 모르겠지만 저의 눈에는 그 이유가 명확하게 보였습니다. 여러 가지 이유가 있겠지만 가장 큰 것은 사업가의 완벽주의가 직원들에게 더 이상 직장을 다닐 수 없을 만큼 큰 스트레스를 줬기 때문입니다. 완벽주의자인 성공한 사업가도 자신이 완벽주의를 고집할 때 직원들이 받게 될 스트레스는 고려하지 못했던 것입니다.

　완벽주의란 그야말로 자기가 아는 범위 안에서만 완벽을 추구하는 것입니다. 사람은 전지전능한 존재가 아니기 때문에 아무리 완벽해지려고 해도 특정 부분에서만 완벽을 추구할 수 있을 뿐입니다. 따라서 그러한 완벽 추구는 부분적인 것이고, 부분에 대한 고집은 필연적으로 다른 부분과 마찰과 갈등을 겪기 마련입니다. 결국 완벽주의에 대한 고집은 마찰과 갈등을 일으킬 수밖에 없습니다.

　그런데 완벽주의자 내부에는 더 큰 마찰과 갈등이 있습니다. 완벽을 추구하는 사람이 가장 엄격하게 대하는 것은 바로 자기 자신입니다. 완벽주의자는 자신의 실수나 판단 착오를 용납하지 못합니다. 그래서 늘 자신을 닦달하고 채찍질합니다. 몸도 마음도 쉬게 해 주질 않습니다. 그러다 보니 몸도 마음도 늘 과로 상태입니다. 피로가 축적되어 몸은 언제라도 병들 준비가 되어 있고, 마음은 늘 날카롭게 곤두서 있어 자신을 포함해 누구든 베어 버리는 칼날과 같습니다.

　이렇게 자신의 완벽주의적 성향으로 인해 가장 큰 스트레스를 받는 사람은 자기 자신이기 때문에 그것이 밖으로 드러나지 않을 수가 없습니다. 내 안을 가득 채운 스트레스는 자연스럽게 주변으로 확산되어 자신의 영역을 넓힙니다. 마치 자장이 형성되어 근처에만 가도 쇠가 달라붙는 강한 자석처럼, 완벽주의자 주변에는 하나의 스트레스 장場이 형성되어 가까이 하는 사람은 모두 스트레스에 감염됩니다. 결국 완벽주의는 자신에게도 주위에게도 모두 상처를 입히게 됩니다.

꼼꼼하게 일한다는 의미에서 보면 완벽주의는 나쁜 것이 아닙니다. 다만 완벽주의는 쉽게 강박 관념으로 굳어지기 때문에 문제가 됩니다. 머릿속에서야 아무런 어려움 없이 완벽하게 일이 처리되지만 실제 현실에서는 그렇게 되기가 어렵습니다. 여러 가지 변수가 있기 때문에 구체적 실행 단계에서는 생각처럼 일이 진행되지 않는 경우가 대부분입니다.

그렇다면 애초부터 '완벽한 일 처리'를 하나의 지향점으로 두고 노력하는 정도로 그쳐야지 않을까요? 완벽주의란 나와 내 주변에 스트레스 주는 일을 완벽하게 성공시키려는 하나의 강박 관념에 불과한 것 아닐까요?

고오다 미츠오라는 의학박사가 주장한 '소식 건강법'이라는 것이 있습니다. 그 요지는 이렇습니다.

"현대인의 병은 과식으로 인한 것이 많다. 과식을 하면 깨끗하게 소화를 시키지 못해 몸에 찌꺼기가 쌓인다. 찌꺼기가 쌓이면 음식물을 활동 에너지로 전환시키는 효율이 떨어져 활력이 떨어진다. 피곤하고 기운이 없으니까 에너지를 충전하려고 더 많이 먹으려고 하는데, 많이 먹으면 먹을수록 찌꺼기가 더 많이 쌓이고 효율이 더 떨어지는 악순환에 빠진다. 그러므로 몸에 좋다고 알려진 음식, 건강식품, 강장제 등을 많이 먹으려고 할 것이 아니라 오히려 적게 먹는 소식을 해야 한다. 처음에는 익숙지 않아서 힘이 들겠지만 일단 적응이 되고 나면 찌꺼기가 빠져나가고 효율이 높아져 평소의 반 이하로 먹어도 활기차고 건강한 생활을 할 수 있다. 이 시대는 뭘 더 먹으려는 플러스 건강법이 아니라 마이너스 건강법이 필요한 시대다."

소식 건강법은 당뇨병, 고혈압, 각종 암, 아토피 등 만성 질환을 치료하는 자연 건강법으로 널리 알려진 '니시 건강법'의 일종이라 할 수 있는데 저는 이 소식 건강법을 응용하여 완벽주의 성향을 가진 사람들에게 아래와 같이 말하고 싶습니다.

"현대인의 병은 과사過思(과다한 생각)로 인한 것이 많습니다. 과사를 하면 생각들이 서로 뒤엉켜 정체됩니다. 생각이 정체되면 명료한 생각을 하지 못합니다. 이렇게 되면 늘 머리가 무겁고 복잡해서 짜증과 스트레스가 많아집니다. 생각의 효율도 떨어지고 삶의 질도 떨어지는 것입니다. 효율적으로 생각을 못하니까 만족할 만한 결과를 얻기 위해 더 많은 생각을 하는데, 생각을 많이 하면 할수록 생각의 정체는 더 심해지고 효율은 더 떨어지는 악순환에 빠집니다. 그러므로 이 생각 저 생각을 많이 해서 완벽해지려고 하지 말고 오히려 생각을 적게 하는 소사小思를 해야 합니다. 처음에는 익숙지 않아서 힘이 들겠지만 일단 적응이 되고 나면 생각의 정체가 풀어지고 효율이 높아져, 평소의 반 이하로 생각해도 명료한 생각을 할 수 있습니다. 이렇게 되면 머리가 맑고 가벼워져 상쾌하고 즐거워집니다. 생각의 효율도 높아지고 삶의 질도 높아지는 것입니다. 이 시대는 몸의 다이어트보다 마음의 다이어트가 더욱 필요한 시대입니다."

'스트레스가 없는 사람은 다른 사람에게 스트레스를 주지 않는다'라는 말이 있습니다. 완벽주의 때문에 자신도 힘들게 하고, 타인도 힘들게 하는 사람에게 꼭 들려주고 싶은 말입니다. 모든 사람이 생각의 다이어트를 통해 여유를 되찾아 자신에게도 다른 사람에게도 스트레스를 주지 않게 되면 좋겠습니다.

변화를 두려워하지 말라

"우리 사장은 정말 짜증 그 자체야. 잠시도 나를 가만두지 않아. 쓸데없는 일을 자꾸 시켜서 오히려 업무를 방해한다니까. 옛날 방식인 자기 스타일로 일하라고 강요하고, 막상 시키는 대로 해서 업무 성과가 안 좋으면 나한테 책임을 돌려. 스트레스 때문에 회사 다니기가 싫어. 그런데 집에 가면 마누라가 또 나를 가만두지 않아. 이것저것 꼬투리 잡아서 잔소리하고, 주말이라 좀 쉬려고 하면 여기저기 놀러 가자고 난리고. 애들은 또 애들대로 나를 가만두지 않아. 이거 해 달라 저거 해 달라 요구하면서 귀찮게 해. 정말 피곤하고 힘들어서 살맛이 안 나."

술자리에서 선배의 하소연을 듣고 난 저는 이렇게 말했습니다.

"그렇군요. 여러 가지로 힘들겠네요. 그렇게 스트레스 받으면서 살기 힘들죠? 그렇다면 삶의 방식을 한번 바꿔 보는 게 어때요? 삶을 바라보는 시각과 살아가는 방식을 조금만 바꾸면 스트레스가 많이 줄 거예요."

그러자 선배는 정색을 하면서 이해하기 어려운 말을 하였습니다.

"아니야. 난 지금도 만족해. 탄탄한 회사에 다니고 있고, 가족들 모두 건강하고, 아이들도 잘 자라고 있어. 큰돈은 없지만 외식하고 여행할 정도의 여력은 있어. 집도 한 채 있고. 이 정도면 행복하다고 생각해."

조금 전뿐만 아니라 만날 때마다 "스트레스가 많아서 살맛이 안 난다."라고 푸념하던 선배에게서 갑자기 "이 정도면 행복하다고 생각해."라는 말을 들으니 어안이 벙벙해졌습니다. 그런데 사실 이런 경우를 처음 겪는 것은 아니었습니다. 자신의 삶이 힘겹다고 눈물을 흘리며 하소연하다가도 제가 "삶의 방식을 바꾸어 보는 게 어떨까요? 그럼 행복해질 거예요."라고 말하면 갑자기 말투를 바꾸며 "그래도 이 정도면 행복하다고 생각해요."라고 대답하는 경우를, 지인들과 대화하거나 내원객들과 상담할 때 드물지 않게 겪었던 것입니다.

방금 전까지 자신의 불행을 호소하던 사람이 갑자기 행복하다고 말하는 경우를 처음 겪었을 때는 도무지 이해할 수가 없었습니다. 하지만 '좀 특이한 사람이구나.'라고 생각하고 그냥 넘어갔습니다. 그런데 이런 사람이 드물지 않다는 것을 알고 나서는 그 이유를 찾아보았습니다.

"삶의 방식을 바꾸어 보는 게 어떨까요? 그럼 행복해질 거예요."

라는 말을 듣고 순식간에 삶을 바라보는 시각이 긍정적으로 바뀐 것은 아니었습니다. 원래 행복하다가 요 며칠 잠깐 힘겨워져 하소연 했을 뿐인데, 삶의 방식을 바꾸라고 하니까 깜짝 놀라 "난 원래 행복해요."라고 정정한 것도 아니었습니다.

오랜 관찰 끝에 제가 찾아낸 첫 번째 이유는 바로 '불행에 대한 두려움'이었습니다.

안타깝게도 '아, 정말 행복하다.'라는 만족감과 행복감을 가지고 살아 본 적이 거의 없기 때문에 "삶의 방식을 바꾸는 것이 어떨까요?"라는 권유를 듣는 순간, '그러다 잘못해서 지금보다 나빠지면 어떻게 하나?'라는 두려움에 지금도 행복하다고 말하는 것이었습니다. 지금까지 살아오면서 겪었던 삶의 무게가 이미 충분히 무거웠기 때문에, 삶의 방식을 바꾸면 지금보다 더 행복해질 수 있으리라는 긍정적 생각은 끼어들 여지도 없었던 것입니다. '현재 처해 있는 상황이 비록 힘겹긴 하지만 버티지 못할 정도는 아닌데 만약 변화를 시도하다가 더 나빠지면 그때는 도저히 감당할 수 없을 거야.'라며 '더 나빠진 미래'만 생각하다 보니 그나마 현재는 행복하게 생각되는 것이지요.

물론 현실의 좋은 면을 보는 것은 긍정적이라 할 수 있습니다. 하지만 변화를 통해 행복을 성취하려는 시도를 차단하기 위한 핑계로 이용하는 건 긍정적이라 할 수 없습니다. 정말 현재가 행복하다면 현재의 행복을 즐기면서 자연스럽게 더 나은 미래를 향해 나아가는 모습을 보일 것입니다. 따라서 "지금도 행복해요."라는 말은 변화를 회피하기 위한 핑계일 뿐 사실이 아닌 것입니다.

또 다른 이유는 '불행에 대한 체념'이었습니다.

'삶이 힘든 건 당연한 일이야. 오죽하면 삶을 고해苦海라고 했겠어? 주변을 둘러보면 정말 힘겹게 사는 사람들이 많아. 그래도 나는 저 정도는 아니니 행복한 편이야. 삶의 방식을 바꿔 보라고? 그런다고 해서 달라질 건 없어. 아무리 삶의 방식을 바꾸어 봤자 인생이 고해라는 사실은 변하지 않아. 지금까지 행복을 얻기 위해 많은 노력을 해 왔지만 크게 달라진 것은 없었어.'

이렇게 생각하는 것이었습니다. 물론 삶의 방식을 바꾼다고 해서 인생의 힘겨움이 당장 모두 사라지는 것은 아닙니다. 하지만 현재의 힘겨움은 50퍼센트 이상 줄이고 만족감은 50퍼센트 이상 늘릴 수 있습니다. 저의 주변에는 삶을 바라보는 시각과 살아가는 방식을 바꿈으로써 힘겨움은 덜고 만족감은 늘린 사람들이 많습니다. 그런데 힘겨운 삶을 당연한 것으로 받아들임으로써 이런 변화의 가능성을 아예 차단해 버리는 것입니다.

　이 두 가지 이유에는 공통점이 있습니다. 초점이 행복이 아닌 불행에 있다는 것입니다. 더 행복해지려 꿈꾸는 것이 아니라 덜 불행해지려 안간힘을 씁니다. 이제 이런 소극적인 태도를 건강과 행복을 추구하는 적극적인 태도로 바꾸면 어떨까요? 불행에 대한 두려움과 불행을 당연한 것으로 받아들이는 체념적 태도를 버리고, 행복에 대한 희망으로 변화를 시도해 보면 어떨까요?

　또 한 가지 공통점은 초점이 내가 아니라 외부에 있다는 것입니다. 내가 아니라 주변 환경을 변화시키려 노력해 왔는데 그것이 뜻대로 잘 이루어지지 않았기 때문에, 더 이상 행복을 추구하는 것을 포기하고 인생의 힘겨움을 당연한 것으로 받아들인 것입니다.

　하지만 사랑에 빠졌을 때는 세상이 아름다워 보이고 사업에 실패했을 때는 세상이 원망스러워 보입니다. 세상은 그대로이지만 나의 상태에 따라 달리 보이는 것입니다. 마찬가지로 삶을 바라보는 시각과 살아가는 방식이 바뀌면 삶 역시 달라집니다.

　내가 평안하면 온 세상이 평안하고, 내 마음이 아름다우면 온 세상이 아름답고, 내 마음이 풍요로우면 온 세상이 풍요롭습니다. 따라서 내가 나를 평안하게 해 주면 온 세상이 평안해지고, 내가 나를 아름답게 해 주면 온 세상이 아름다워지고, 내가 나를 풍요롭게 해 주면 온 세상이 풍요로워집니다. 세상이 나를 이해하지 못하고 나를 힘겹게 해도, 그런 세상을 내가 이해해 버리면 세상은 아무런 문제가 없는 평화로운 곳으로 바뀝니다. 다행히 많은 노력을 해도 내 뜻대로 잘 움직이지 않는 세상과는 달리, 나는 조금만 노력을 해도 내 뜻대로 움직일 수 있습니다. 그러니 나에게 초점을 맞추어 다시 한번 변화를 시도해보면 어떨까요?

지금까지 해 왔던 습관이 있기 때문에 삶을 바라보는 시각과 살아가는 방식을 바꾼다는 것이 말처럼 쉬운 일은 아닙니다. 오랫동안 몸과 마음에 밴 사고와 행동의 습관을 바꾸려면, 용기도 있어야 하고 부지런함도 있어야 하고 끈기도 있어야 합니다. 하지만 가장 중요한 것은 바로 '나와 행복에 대한 믿음'입니다. 나의 변화로 삶이 더 건강하고 행복해질 것이라는 믿음이 있으면 실천에 대한 의지가 생기고, 의지가 생기면 용기와 부지런함과 끈기는 저절로 따라옵니다. 다른 일도 아니고 바로 나의 건강과 행복을 위한 일입니다. 실제로 이러한 방법을 통해 자신의 행복을 증대시킨 사람들이 많습니다. 그러니 나도 한번 믿음을 가지고 실천해 보면 어떨까요?

세계보건기구WHO에서 가장 최근에 발표한 건강에 대한 정의는

'건강이란 단지 질병이 없거나 허약하지 않은 상태만 말하는 것이 아니라 신체적, 정신적, 사회적으로 완전히 안녕한 상태에 놓여 있는 것을 말한다.' 입니다. 병이 없는 상태를 건강으로 보던 종전의 소극적 개념에서 적극적 개념으로 바뀐 것입니다.

행복에 대한 개념도 이처럼 '행복이란 단지 불행하지 않은 상태를 말하는 것이 아니라 즐거움과 만족감이 가득한 상태를 말한다.'로 바뀌어 모든 사람이 행복을 적극적으로 추구했으면 좋겠습니다. 그리고 내가 바뀌는 것이 행복을 성취하는 가장 쉽고 효율적인 방법임을 모든 사람이 알았으면 좋겠습니다.

자기 자신의 한계를 긋지 말라

지금까지 '나의 건강과 행복을 성취하는 데 나 자신이 어떻게 방해가 되는지'에 대해 살펴보고 아울러 그 개선 방법에 대해서도 살펴보았는데, 여기까지 집필을 마친 저에게 한 가지 궁금증이 생겼습니다. '내가 내 건강과 행복의 가장 큰 방해자'라는 저의 견해가 일반 사람들에게 어떻게 받아들여질지 그 반응이 궁금해진 것입니다. 그래서 이미 다 쓴 부분을 여러 부 출력하여 평소 별로 가깝지 않아 저의 생각을 내보인 적이 없는 사람들에게 보여 주며, "한번 읽어 보시고 소감을 말씀해 주시면 감사하겠습니다."라고 부탁하였습니다.

며칠 지나지 않아 여러 사람의 감상을 들을 수 있었는데, 대체로 '그럴 듯하다. 수긍한다.'라는 반응이었습니다. 책 내용에 절대 공감한다면서 "저는 이 이야기에 가장 가까운 것 같아요.", "저는 이 이야기와 저 이야기가 겹쳐진 것 같아요."라며 자기 유형까지 분류하는 사람들도 있었습니다. 저는 여기서 새로운 발견을 할 수 있었습니다.

이런 말을 하는 사람들은 대개 '내가 바뀌면 나의 건강과 행복이 증대될 것이다.'라는 말에는 동의하면서도 '그런 건 특별한 사람이

나 하는 거지, 나 같은 사람은 못해.'라고 단정 짓고 아예 엄두도 내지 못했습니다. 책 내용에 공감도 하고, 자기가 어느 유형에 속하는지도 알고, 그 개선 방법도 알지만, "나는 그냥 이대로 살래요. 아무나 바뀌나요?"라고 말하며 자신을 한정지었습니다. 제가 "원인도 알고 방법도 아는데 못할 것 뭐 있어요? 한번 해 보세요. 그러면 훨씬 더 즐겁고 행복하게 사실 수 있을 거예요."라고 권하자, "담배가 몸에 안 좋은 줄은 다 알지만 못 끊는 사람이 더 많잖아요? 안다고 해서 쉽게 바꿀 수 있는 것은 아니라고 생각해요."라고 대답하는 것이었습니다.

사람이 하는 모든 행위의 바탕에는 나의 만족과 행복을 추구하는 심리가 깔려 있습니다. 그렇기 때문에 내가 하는 것이 사실은 나의 만족과 행복에 반하는 행위라는 명확한 인식이 들면 그 행위를 멈추게 되어 있습니다. 예컨대 담배를 포함한 많은 기호품들은 즐길 때는 좋지만 몸에는 해롭습니다. '먹을 때 오는 당장의 만족감을 따를 것이냐?' 아니면 '건강을 지킬 때 오는 장기적인 만족감을 따를 것이냐?' 하는 선택의 문제가 발생하는 것입니다.

담배를 끊는 데 실패하는 이유는 바로 단기적 만족감을 선택하기 때문입니다. 담배를 피운다고 해서 당장 몸에 큰 해가 생기는 것 같

나 자신에게 집중하라 117

지도 않고, 설사 가래나 기침 등의 불편이 있다고 해도 이것보다는 담배를 피울 때 오는 만족감이 더 크기 때문에 계속 담배를 피우는 것입니다.

몇 해 전 금연 열풍이 불었던 적이 있습니다. 지금은 작고한 유명 코미디언이 폐암으로 사망하기 전, 생의 마지막 활동으로 금연 홍보를 활발하게 전개했기 때문입니다. 이 코미디언은 수십 년 동안 즐겨 피우던 담배를 폐암 선고를 받은 직후 단번에 끊어 버렸습니다. 대부분의 사람들이 암 선고를 받고 나면 그동안 몇 번씩 실패했던 금연을 단번에 해냅니다. 금주도 단번에 해냅니다. 육식을 즐기다가 완벽한 채식주의자로 바뀌는 경우도 많습니다.

예전에는 아예 그럴 필요성을 못 느끼거나 혹은 의지가 있어도 실패를 거듭하다가도 암 선고를 받고 나면 한 번에 금연, 금주, 금육禁肉을 해내는 것은 먹을 때 생기는 만족감이 장기적인 내 건강과 행복에 해가 된다는 명확한 인식이 생겼기 때문입니다. 단기적 만족감의 추구가 이제 더 이상 즐겁지 않은 것입니다. 그래서 즐기던 것들을 단번에 끊어 버리고 건강에 좋다는 것들을 찾아 먹습니다. 그러니까 그동안은 금연을 못한 것이 아니라 당장의 만족감을 주는 '흡연을 선택한 것' 뿐입니다. 그러다 암 선고를 받고 나서는 건강의 소중함을 깨우치고 이번에는 건강이 주는 만족감을 얻기 위해 '금연을 선택하는 것' 입니다.

　지금의 삶이 정말 어렵고 힘겹다면 사람은 거기서 벗어나기 위해 반드시 바뀝니다. 어쩔 수 없어서라도 변화를 선택하게 됩니다. 하지만 '힘들어도 이 정도면 그럭저럭 견딜 만해.'라는 생각을 하면 변화를 시도하지 않습니다. 말로는 아무리 어려움을 토로한다 해도 사실은 지금의 현실에 만족하기 때문입니다. 변화가 줄지도 모르는 앞으로의 만족감 대신 크든 작든 당장의 현실이 주는 만족감을 선택합니다. 그러나 만약 앞으로 생길 만족감이 더 클 것이라는 판단이 들면 자연스레 현실의 만족감을 놓고 변화를 시도할 것입니다. 그러므로 '나는 나를 바꾸지 못한다.'는 표현은 옳지 않습니다. '못하는 것'이 아니라 '안 하는 것'이고, 바뀌지 '못하는 것'이 아니라 '바꾸지 않는 것을 선택한 것'이기 때문입니다.

　나는 이런 생각도 할 수 있고 저런 생각도 할 수 있는 존재이지 한 가지 생각만 할 수 있는 제한된 존재가 아닙니다. 이런 생각과 이런 행동이 습관화되어 있다 하더라도 자신이 원하면 얼마든지 저런 생각과 저런 행동으로 습관을 바꿀 수 있습니다. 내 사고와 행동의 패턴을 규정하는 것은 바로 나이기 때문에 내가 원하면 얼마든지 재

설정할 수 있습니다. 컴퓨터만 업데이트가 가능한 것이 아닙니다. 나도 얼마든지 업데이트가 가능합니다.

여기서 중요한 것은 바로 '내가 원해야 한다.'는 것입니다. 그런데 '담배를 피우면서 호흡기의 건강도 추구할래.'라는 식으로 원해서는 안 됩니다. '호흡기가 약해지더라도 흡연이 주는 만족감을 추구할래.' 나 '흡연이 주는 만족감을 끊고 호흡기 건강을 추구할래.'라는 식이어야 합니다. 기존의 패턴을 고집하면서 변화를 기대할 수는 없습니다.

지금도 만족스러울 정도로 행복하다면 굳이 변화를 선택할 필요는 없습니다. 하지만 만약 지금의 삶이 힘겨워서 행복한 삶으로 바꾸고 싶다면 변화를 선택하면 됩니다. 선택하기만 하면 원하는 대로 변할 수 있습니다. 적어도 나를 바꾸는 문제에 관한 한, 절실한 마음으로 변화를 원하면 반드시 이루어지게 되어 있기 때문입니다.

누가 뭐라고 해도 당장 변화를 선택하고 실천하기가 두렵고 자신 없는 분은 이렇게 생각해 보세요.

'내가 만약 내 딸이라면, 혹은 내 아들이라면 나는 뭐라고 말했을까? 어떻게 살기를 바랐을까?', '내가 만약 내 어머니라면, 혹은 내 아버지라면 나는 뭐라고 말씀드렸을까? 어떻게 살기를 바랐을까?'

그리고 내 부모님이 살기를 바라고, 내 자식이 살기 바라는 방식을 선택해서 과감하게 실천하세요. 특히 '자식의 삶은 부모의 삶을 닮는다. 그러니 내 자식이 살기 바라는 삶을 내가 먼저 모범적으로 살아가야겠다.'라고 생각하면 변화를 실천하는 데 많은 용기와 힘을 줄 것입니다.

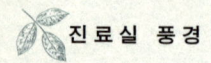 진료실 풍경

세상만 보지 말고 나도 좀 봐 주세요

H는 올해 스물아홉 살인 아가씨입니다. 뚱뚱한 편인 그녀의 마음속은 남자들과 세상에 대한 원망으로 가득 차 있습니다. 여성을 오로지 외모로만 판단하는 남자들이 경멸스럽고 거기에 장단 맞춰 기를 쓰고 예뻐지려 노력하는 여자들이 한심하다는 것이 그녀의 생각이었습니다. 뚱뚱한 자신의 외모에 대한 열등감과 함께 스물아홉 살이 되도록 연애 한 번 못해 본 것은 남자들이 뚱뚱하다는 이유만으로 자신을 싫어했기 때문이라는 피해 의식이 세상에 대한 원망으로 표현되는 것 같았습니다.

어느 날 많은 사람들이 모인 회식 자리에서 우연히 옆에 앉은 그녀가 저에게 말을 걸었습니다.

"남자들은 왜 다 그 모양일까요? 그저 껍데기만 예쁘면 그 여자의 내면은 보지도 않고 홀랑 빠져 버려요. 짐승들 같아요."

들려오는 이야기를 통해 그녀의 성향을 익히 짐작하고 있었지만, 가볍게 인사만 나누던 사이였던 터라 조심스럽게 대답했습니다.

"그러게 말이에요. 외모보다는 내면이 더 중요한데 그걸 소홀히 하는 경향이 있긴 있죠. 하지만 안 그런 사람도 많으니까 앞으론 달라지겠죠."

하지만 제 말은 금방 단단한 벽에 부딪혀 되돌아왔습니다.

"안 그런 남자들이 어디 있어요? 다 똑같아요. 남자들은 그저 여자들의 몸에만 관심 있을 뿐이라구요."

약간의 짜증까지 실려 있는 말을 듣고, 분위기 전환을 위해 저는 웃음 띤 얼굴로 이렇게 이야기했습니다.

"아, 미안해요. 그러고 보니 저도 남자네요. 남자의 한 사람으로 정식으로 사과할게요. 앞으로는 저만이라도 항상 여성의 외모보다는 내면을 보도록 하겠습니다."

그녀는 이 말에 약간 기분이 풀렸는지 제게 높은 점수를 주었습니다.

"선생님은 다른 남자들보다 많이 나으신 것 같아요. 하지만 선생님도 남자니까 그런 경향이 있으실 거예요. 그러니 방심하지 마시고 지금 말씀처럼 항상 여성의 내면을 보도록 노력하세요. 인간과 동물이 다른 점이 바로 내면을 나눌 수 있다는 점 아니겠어요?"

그녀는 이 이야기 이후 삼십 여분 동안 외모 지상주의에 대한 비판, 사람과 동물의 차이점, 마음의 중요성 등에 대한 이야기를 열정적으로 쏟아 내었습니다. 회식 자리에서 우리 두 사람은 이미 열외로 간주된 상태였습니다. 간혹 맞장구도 치고 술잔도 부딪치면서 아가씨의 이야기를 다 들은 저는 '이왕 이야기가 시작된 김에 끝까지 가 보자.'라는 생각이 들었습니다.

"이야기 잘 들었습니다. 이 주제에 대해 많이 아시네요. 생각도 많이 하셨구요. 그런데 이야기를 듣다 보니 궁금한 것이 한 가지 생겼어요. 좀 예민한 질문일 수도 있는데 해도 될까요?"

"네. 뭐든지 물어보세요."

"외모보다는 내면이 중요하다는 게 지금까지 하신 말씀의 핵심이 잖아요? 그런데 왜 자신의 내면은 돌보지 않으세요?"

이 말이 자존심을 확 건드렸는지 그녀는 정색을 하며 날카롭게 되물었습니다.

"자신의 내면을 돌보지 않는다고요? 그게 무슨 말씀이시죠?"

금방이라도 버럭 화를 내며 자리를 박차고 일어날 것 같은 H의 표정을 보며, 차분하게 이야기했습니다.

"자신의 마음속을 자세히 들여다보세요. 남자들에 대한 원망과 적개심으로 가득 차 있음을 알 수 있을 거예요. 원망과 적개심으로 가득 차 있는 사람에게 내면을 잘 가꾸었다고 말할 수는 없지 않겠어요?"

저의 말에 충격을 받은 듯 잠시 머뭇거리던 그녀가 이내 대꾸할 말을 찾았는지 강한 어조로 말했습니다.

"그건 외모 지상주의에 빠져 있는 남자들과 세상의 잘못이에요. 저는 그런 풍토를 지적하고 개선되어야 한다고 주장하는 것이지 원망이나 적개심을 가지고 있는 건 아니에요."

저 역시 낮지만 단호한 어조로 말했습니다.

"좋아요. 원망이나 적개심은 없다고 칩시다. 하지만 마음이 평화롭고 행복하지 않은 건 사실이죠?"

싫은 기색을 역력히 드러내며 마지못해 인정하는 그녀의 대답을 들은 후 이어서 말했습니다.

"저 역시 외모 지상주의가 옳다는 건 아니에요. 하지만 남자들과 세상을 당장 바꿀 수 있는 것도 아니잖아요? 그러니 일단 남자들과 세상은 남자들과 세상더러 알아서 하라고 하고 우선 자신에게 관심을 가지세요. 내 내면이 무엇으로 채워져 있는지 한번 살펴보세요.

흔히 말하는 예쁘고 몸매 좋은 여자들만 연애하고 결혼하는 건 아니잖아요? 인물이 좀 떨어지고, 좀 뚱뚱한 여자 분들도 사랑하는 사람 만나서 연애하고 결혼하잖아요? 그런데도 H씨는 세상 모든 남자들을 껍데기만 좇아다니는 짐승 같다고 말씀하시잖아요? 있는 사실도 왜곡할 만큼 H씨의 남자와 세상에 대한 시선은 부정적인 쪽으로 치우쳐 있어요. 부정적인 눈으로 세상을 바라보니 세상은 더욱더 부정적으로 보이고, 그 결과 다시 내면에 부정적인 생각이 늘어나는 악순환 속에 빠지는 거예요.

제가 진료를 안 해 봐서 꼬집어 말씀드릴 수는 없지만, 대화를 나누면서 살펴본 H씨의 심리 상태로 추측해 보면, 내면에 스트레스가 아주 많은 상태라 만성 위염이나 두통 같은 증상이 반드시 있을 거예요. 또 피부가 거칠고 뾰루지가 많이 나는 것도 스트레스의 영향이 크고요. 마음의 부조화는 반드시 몸의 부조화로 드러나게 돼 있거든요."

저는 잠시 숨을 고르고 나서 계속 말했습니다.

"세상부터 바꾸려 하지 말고 우선 H씨 자신부터 바꾸세요. 내가 스트레스로 가득 차 있다면 내가 만들어 가는 세상도 스트레스로 가득 찬 세상일 수밖에 없지 않겠어요? 그러니 우선 H씨의 내면부터 밝고 행복하게 가꾸어 가세요. 뜻대로 안 되는 세상보다 내가 다룰 수 있는 나를 바꾸는 쪽이 훨씬 쉽지 않겠어요? 내가 밝고 행복하게 변하면 세상도 반드시 밝고 행복하게 바뀔 거예요."

　겉으로는 외모 지상주의를 비판하며 내면의 중요성을 강조했지만 사실 그 아가씨의 주요 관심은 내면이 아니라 외모 지상주의였습니다. 즉 외모에 초점이 있었습니다. 그래서인지 내면에 대한 저의 이야기가 잘 받아들여지지 않는 것 같았습니다. 알겠다고 대답만 하고 정작 중요한 걸 묻지 않은 채 서둘러 집으로 돌아갔기 때문입니다.

　만약 "어떻게 해야 제 내면을 밝고 행복하게 가꾸어 갈 수 있을까요?"라고 물어봤다면, 저는 "우선 H씨의 지금의 내면 상태를 냉철하게 관찰해 보세요. 열등감은 없는지, 원망하는 마음은 없는지, 사랑을 갈구하는 마음은 없는지 등을 먼저 자세히 관찰해 보세요. 나의 현재를 정확히 파악하는 것에서부터 변화가 시작됩니다."라는 말로 시작해서 그녀에게 도움 될 만한 여러 가지 이야기를 쭉 알려주었을 것입니다. 왠지 아쉬움이 많이 남는 밤이었습니다.

2부
나를 아끼고 사랑하라

사랑에는 기술이 필요합니다.
진심과 함께 적어도 상대가 원하는 방식으로
사랑할 줄 아는 기술이 필요합니다.
나와의 사랑에서도 마찬가지입니다.
내가 원하는 방식으로 내게 사랑을 베풀어 주세요.

'나 사랑'법

제가 "가장 소중한 것은 나의 건강과 행복입니다. 그 무엇도 '나'보다 우선순위에 두지 마십시오. 먼저 '나'를 건강하고 행복하게 만드는 데 초점을 맞추십시오."라고 말하면, 많은 사람들이 "그럼 이기적으로 살라는 말씀이세요?"라고 묻습니다.

이 질문을 들을 때마다 제 마음은 연민으로 가득해집니다. 그동안 얼마나 자신을 아끼고 사랑해 본 적이 없으면 '자신을 건강하고 행복하게 해 주세요.'라는 말을 '이기적으로 살라.'라는 말로 받아들일까 싶어서입니다.

"그럼 지금처럼 자해적自害的으로 사는 게 정상적인 것 같으세요? 내가 나를 아끼고 사랑하는 건 당연한 것 아닐까요?"라고 되물으면, "그래도 어떻게 내 건강과 행복만 생각해요? 가족도 있고 이웃도 있고 동료도 있고 따라야 할 사회 규범도 있잖아요?"라고 다시 되묻고들 합니다. 그러면 저도 다시 묻습니다.

"나의 건강과 행복을 추구하려면 가족도 이웃도 동료도 사회 규범도 버려야 하는 건가요? 그동안 가족과 이웃과 동료와 사회 규범이 자신의 건강과 행복에 방해가 되었나요?"

많은 사람들이 '나를 아끼고 사랑해 주세요.'라는 말을 '가족을 포함한 주변 사람들이야 어떻게 되든 상관 말고 오직 나만 아끼고 사랑하라.'라는 말로 받아들입니다. 제가 아무리 "내게 가장 스트레스를 많이 주는 건 바로 나입니다. 그러니 내게 스트레스 주는 사고와 행동의 습관을 버리세요. 대신 나를 아끼고 사랑하는 습관을 가지세요."라고 말해도 여전히 자신의 사고와 행동, 습관보다는 외부에 초점을 맞춥니다. 그만큼 '가족, 이웃, 동료, 사회 규범이 내게 스트레스를 많이 준다.'라고 생각하고 있었나 봅니다.

어쨌거나 저의 참의도는 주변 사람을 배척하고 내 이익만 추구하라는 것이 아닙니다. 나를 닦달하고 힘겹게 만드는 내 사고와 행동의 습관을 버리라는 말입니다. 나를 아끼고 사랑하는 습관이 들면 내가 즐겁고 행복해지고, 그러면 주변 사람들에게도 즐거움과 행복을 나누어 줄 수 있습니다. 나의 행복이 넘쳐 우리의 행복이 되는 것입니다. 즉 나를 아끼고 사랑함으로써 곧 남도 아끼고 사랑할 수 있게 됩니다.

그런데 사실 이것은 저의 독창적인 생각이 아닙니다. 전체의 균형과 조화를 중시하는 동양의 관점에서 보면, 나를 사랑하는 것과 남을 사랑하는 것은 당연히 함께 갑니다. 나는 남에게 영향을 주고,

남은 나에게 영향을 주는 등 나와 남이 서로 영향을 주고받기 때문에, 즉 나와 남이 합쳐져 하나의 전체를 이루고 있기 때문에 나와 남은 늘 함께 갈 수밖에 없습니다.

이러한 동양의 사유 방식은 '나 사랑'과 이기주의의 차이를 이해하는 데 중요하므로 조금 더 자세히 알아보겠습니다. 아래의 내용은 제가 K대학교에서 강의를 할 때 학생들에게 동양과 서양의 사유 방식의 차이를 설명하기 위해 썼던 글인데, 도움이 될 것 같아 인용해 봅니다.

「동양적 인간관 및 세계관의 특징」

눈에 병이 생기면 안과로 가고, 귀에 문제가 생기면 이비인후과로 가고, 소화기가 말썽이면 내과로 가고, 피부가 좋지 않으면 피부과로 갑니다. 이렇게 사람의 몸을 독립적이고 개별적인 여러 부위로 나눈 후 증상이 드러난 부위의 치료에 초점을 맞추는 것을 국소 의학이라고 합니다. 현재 주류 의학인 서양 의학이 바로 국소 의학입니다. 국소 의학은 인간도 기계와 마찬가지로 문제가 발생한 부분을 닦고, 고치고, 교환함으로써 그 기능을 유지시킬 수 있다는 기계론적 인간관을 철학적 바탕으로 하고 있습니다. 하지만 사람은 기계가 아닙니다. 기계와는 엄연히 다른 사람을 기계와 같다는 전제하에 다루다 보니 필연적으로 부작용이 발생할 수 밖에 없습니다. 많은 장점에도 불구하고 서양 의학이 한계와 오류와 비판에 부딪힌 이유 중 하나가 바로 기계론적 인간관에 근거한 국소 의학을 고집하기 때문입니다.

더 큰 문제는 서양 의학이 주류 의학이다 보니 의사들뿐 아니라 일반인들도 알게 모르게 기계론적 인간관에 물들어 있다는 점입니다. 무조건적인 건강식품 복용이 대표적 예입니다. 가령 인진쑥이 간에 좋다고 하면 평소 자신의 간 기능이 약하다고 생각하던 사람은 앞뒤 재지 않고 무조건 인진쑥을 복용합니다. 인진쑥에 어떤 성질이 있고, 어떤 간 질환에 좋은지는 생각하지도 않습니다. 간 기능을 좋게 하는 대신 원래부터 속이 찬 사람의 경우, 소화 기능을 떨어뜨릴 수도 있기 때문에 전체적으로 오히려 해로울 수도 있다는 점은 꿈에도 생각하지 않는 것입니다. 전체를 보지 못하고 부분으로 나누어 보기 때문에 생기는 잘못입니다.

아시다시피 다양한 기관과 조직으로 구성되어 있지만, 몸은 하나입니다. 오장육부, 기혈, 진액, 경락 등 인체를 구성하고 있는 각종 기관과 구성 물질들은 생명 유지라는 한 가지 공통된 목표 아래, 통일성과 일관성을 가지고 유기적으로 결합하여 하나의 몸을 이루고 있습니다. 따라서 특정 부위의 질환은 몸 전체 상태의 반영이고 결과이자, 동시에 현재 진행형으로 인체의 다른 부위와 서로 지대한 영향을 주고받습니다. 그러므로 몸을 올바르고 완전하게 치료하기 위해서는 증상이 나타난 부위뿐만 아니라 관련 부위를 중심으로 몸 전체의 균형과 조화를 맞추어야 합니다.

또 다양한 감정과 인식 체계로 이루어져 있지만, 마음은 하나입니다. 기쁨, 분노, 즐거움, 슬픔, 사랑, 미움, 욕심, 앎, 무지 등 다양한 감정과 의식 상태가 '자아自我'라는 하나의 마음을 이루고 있는 것입니다. 따라서 특정한 감정 상태는 마음 전체 상태의 반영이고 결과이자 동시에 현재 진행형으로, 마음의 다른 부분과 서로 지대한 영향을 주고받습니다. 그러므로 마음을 올바르고 완전하게 치료하기 위해서는 특정 심리 상태뿐만 아니라 해당 심리 상태를 중심으로 마음 전체의 균형과 조화를 맞추어야 합니다.

몸도 단순하지 않고 마음도 단순하지 않습니다. 이렇게 복잡한 몸과 마음이 만나 고차원 방정식보다 더 복잡하게 이루어진 존재가 바로 사람입니다. 복잡한 구조를 가졌지만 몸이 하나이고, 또 마음이 하나이듯이 몸과 마음이 만나 하나로 이루어진 존재가 사람입니다. 따라서 당연히 몸은 마음에, 마음은 몸에 서로 지대한 영향을 끼칩니다. 그러므로 몸이건 마음이건 올바르고 완전하게 치료하기 위해서는 특정 질환이나 특정 부위가 아니라 몸과 마음 전체의 균형과 조화를 맞추어야 합니다.

이렇게 사람을 하나의 전체로 보고 전체의 균형과 조화에 초점을 맞추는 것을 전체 의학이라고 합니다. 한의학이 바로 대표적인 전체 의학입니다. 전체 의학은 사람이 단순히 부분이 합쳐진 것이 아니라 그 이상의 '무엇'이라는 전제하에, 부분과 전체 사이의 상호 관계를 연구하는 유기론적 인간관을 철학적 바탕으로 하고 있습니다. 유기론적 인간관은 동양의 전통적 사유 방식입니다. 그리고 이러한 인간관을 바탕으로 항상 사람 전체의 조화와 균형을 생각하기에 한의학의 치료법이 효율적이고 안전한 것입니다.

안타까운 것은 유기론적 인간관이 아직 주류 의학에 녹아들어 있지 않다는 것입니다. 다행히 미국과 유럽을 중심으로 대체 의학, 전체 의학이란 이름으로 유기론적 인간관을 흡수하려는 노력을 하고 있지만 아쉽게도 아직 지류에 불과한 실정입니다. 어서 빨리 유기론적 인간관이 주류 의학의 바탕 철학으로 자리 잡아 더욱 전체적인 관점의 의료 서비스가 제공되길 바랍니다.

그런데 현재 상식으로 받아들여지고 있는 기계론적 인간관 대신 유기론적 인간관이 보편화되길 바라는 이유가 단순히 질병 치료의 효율성과 안정성 때문만은 아닙니다. 더 큰 이유가 있습니다. 기계론적 인간관의 폐해가 상상 이상으로 크고 깊숙이 우리 삶에 부정적인 영향을 끼치고 있기 때문입니다.

기계론적 인간관의 바탕에는 나와 너의 구별을 포함하여 세상의 모든 것을 이것과 저것으로 나누어 분리하여 보는 기계론적 세계관이 깔려 있습니다. 문제는 기계론적 인간관 및 세계관의 근간인 분별과 분리 의식이 필연적으로 서로 다른 부분의 충돌과 갈등을 야기한다는 점입니다.

한 개인을 예로 들어 봅시다. '내 속엔 내가 너무도 많아.'라는 노랫말처럼 내 안에는 다양한 성격이 있고 생각이 있고 감정이 있습니다. 그중에는 내 마음에 드는 것도 있고 안 드는 것도 있지만 결국 모두 다 내 안에 있는 것들입니다. 내가 감싸고 이해해 줘야 하는 것들입니다. 그런데 기계론적 인간관이 아무런 의심 없이 너무나 당연한 상식으로 받아들여져 있는 탓에 자신조차도 자기 자신을 하나의 전체로 보지 못하고 부분으로 분리하고 쪼개 버립니다.

그것도 '이런 성격은 좋아. 마음에 들어. 하지만 저런 성격은 고쳤으면 좋겠어. 이런 생각은 좋아. 하지만 저런 생각은 아예 안 났으면 좋겠어.'라는 식으로 균형 있게 판단하지도 않습니다. '난 왜 더 잘하지 못할까?', '난 왜 참을성이 없을까?', '난 왜 목표를 향해 꾸준히 실천하지 못할까?', '내 성격은 왜 이 모양일까?', '난 왜 화려하게 성공을 못할까?' 등 자신을 이루고 있는 많은 부분들 중에서 부정적인 것들만 집중적으로 떠올리면서 자신을 닦달하고 몰아세웁니다. 자신의 내면을 갈등과 투쟁으로 가득 채우는 것입니다.

이러한 현상은 한 개인의 내면에만 국한되는 것이 아니라 점점 밖으로 확대됩니다. 우선 나와 남의 관계에 적용됩니다. 나와 남을 하나의 전체로 보고 균형과 조화를 이루려 하기보다는 나에 모든 중심을 맞춥니다. 문제는 남도 자신에게 모든 것을 맞춘다는 사실입니다. 그러므로 나와 남의 갈등과 충돌은 필연적으로 발생합니다.

이처럼 내 안에서 일어나는 이 생각과 저 생각의 충돌과 갈등을 시작으로, 나와 남, 이 지역과 저 지역, 이 나라와 저 나라, 이 이념과 저 이념, 이 종교와 저 종교 등 우리 주변에 만연한 갈등과 충돌의 근본 원인은 바로 세상을 분리하여 보는 기계론적 세계관입니다. 현재 우리가 살고 있는 세상을 갈등과 충돌이 아니라 사랑과 행복이 가득한 곳으로 변화시키기 위해서는 기계론적 세계관을 대체할 새로운 세계관이 필요합니다. 전체의 조화와 균형을 중시하는 동양적 세계관, 즉 유기론적 세계관이 꼭 필요한 것입니다.

유기론적 인간관 및 세계관이 보편화되면 우선 질병 치료 과정에서 인체 전체의 조화와 균형을 중시하게 될 것입니다. 국소 부위의 '병'이 아니라 '사람'을 중심에 둔 의료 서비스가 제공될 테니, 목표했던 질병은 호전되었는데 다른 부위에 부작용이 나타나 불편을 겪는 일이나 수술은 잘되었는데 통증은 오히려 증가하는 일이나 검사 수치는 호전되었는데 전체적으로 삶의 질은 떨어지는 일 등은 없어질 것입니다.

내 안의 갈등도 사라질 것입니다. 내 안의 생각과 감정들 중 특정한 것만 선택하고 나머지는 배척하는 것이 아니라, 마치 다양한 개성의 백성들을 모두 포용하며 나라를 통치하는 인자한 왕처럼 내 안의 다양한 생각과 감정들을 조화롭고 균형 있게 다스려 갈 것이기 때문입니다. 더 이상 이 생각과 저 생각이 투쟁하고, 이 감정과 저 감정이 갈등함으로써 내게 혼란과 불편을 주지 않을 것입니다.

이러한 현상은 한 개인의 내면에만 국한되지 않고 점점 밖으로 확대됩니다. 우선 나와 남의 관계에 적용됩니다. 나에게만 초점을 맞추는 것이 아니라 나와 남을 하나의 전체로 보고 균형과 조화를 이루려 합니다. 남도 전체에 초점을 맞춥니다. 그러므로 나와 남은 필연적으로 균형 있고 조화로운 관계를 유지하게 됩니다.

이처럼 내 안의 평화를 시작으로 나와 남, 이 지역과 저 지역, 이 나라와 저 나라, 이 이념과 저 이념, 이 종교와 저 종교 등 우리 주변에 만연한 무수한 갈등과 충돌은 모두 사라지고 대신 조화와 균형이 자리할 것입니다.

이처럼 동양의 사유 방식인 유기론적 인간관 및 세계관이 보편화되면 질병 치료 과정에서뿐 아니라 우리 삶 전체에 조화와 균형이 기본 원리로 자리 잡게 될 것이고, 이는 우리 삶의 모습을 평화와 사랑과 행복 가득한 것으로 변화시켜 줄 것입니다. 그러므로 유기론적 인간관 및 세계관을 하루라도 빨리 당연한 진리로 받아들여야 합니다.

이상의 내용을 자세히 읽어 보면, 동양의 사유 방식인 유기론적 세계관으로 볼 때는 원래부터 이기주의와 이타주의의 구별이 명확하지 않음을 알 수 있습니다. 항상 균형과 조화를 중시하기 때문에 이기주의나 이타주의처럼 한쪽에 치우치기보다는 공생共生과 상생相生을 중시합니다.

하지만 사람들은 이러한 공생과 상생의 이치를 잊고 자신만의 이익을 추구하기 쉽습니다. 이를 경계코자 옛 성인들이 자비와 인仁을 베풀라고 강조한 것입니다. 그 근본 뜻은 '나는 잘 살고 너는 못 사는 것'이나 '나는 못 살고 너는 잘 사는 것'이 아니라, '너와 내가 함께 균형과 조화를 이루며 사는 것'입니다.

그런데 자비와 인을 강조한 옛 성인들과는 달리 저는 '나의 건강과 행복'을 우선순위에 두어야 한다고 주장하고 있습니다. 제가 보기에 현대인들은 자비와 인을 베풀 여유가 없기 때문입니다. 치열한 경쟁, 각박한 인심, 미래에 대한 불안 등에서 오는 스트레스로 몸도 마음도 너무 지쳐 있어서, 도저히 다른 사람을 생각할 겨를이 없습니다. 일단 나부터 먼저 살아야 할 상황입니다. 이러한 상황을 인식하기 때문인지 대부분의 사람들은 실제로 자신부터 챙기려 노력합니다.

문제는 이러한 노력의 과정에서 본래의 의도를 잊고 자신을 닦달하고 들볶아 자신의 삶을 더욱 힘겹게 만든다는 것입니다. 결국 스스로 자신에게 더 많은 스트레스를 줍니다. 그러므로 도저히 자비와 인을 베풀 상황이 아닙니다. 남이 아니라 우선 나에게 먼저 자비와 인을 베풀어야 할 상황입니다.

내가 행복해지면 자연스럽게 주변으로 행복이 퍼지게 되고, 또 주변이 먼저 행복해져도 자연스럽게 나 역시 행복하게 되는데, 요즘에는 전자의 순서를 선택하는 편이 더욱 효율적이라고 생각하기 때문에 나의 건강과 행복을 영순위에 두라고 하는 것입니다.

나를 아끼고 사랑해서 내가 귀한 줄 알면, 당연히 다른 사람도 귀한 줄 알아 아끼고 사랑하게 됩니다. 따라서 '나 사랑'을 만약 이기주의라고 부르고 싶다면 합리적이고 전체적인 이기주의, 혹은 유기론적 이기주의라고 해야 할 것입니다. 그러니 부담이나 죄책감을 갖지 말고 나를 마음껏 아끼고 사랑해 주세요. 내게서 시작된 행복이 어느새 주변을 가득 채우고 있을 것입니다.

분노와 애정 결핍

　스트레스는 몸과 마음의 균형과 조화를 깨뜨리고, 여기서 발생한 불균형과 부조화는 질병을 일으킵니다. 따라서 스트레스는 모든 질병의 주요 원인입니다. 관찰 장비와 검사 기구의 발달에 따라, 스트레스가 우리의 면역계를 어떻게 교란시키고 어떻게 약화시켜 질병을 일으키는지 점점 더 많이 밝혀지고 있습니다. 그 결과 스트레스는 점점 더 많은 질병의 주요 원인으로 지목되고 있습니다.
　이 스트레스 중 가장 많은 주목을 받는 것이 바로 '분노' 입니다. 분노에 대한 최신 연구 결과 중 한 가지 예로, 미국 UC 버클리대학교의 존 스워츠버그 박사의 연구 결과를 들 수 있습니다.
　그는 분노와 건강의 상관성에 대한 연구 보고서를 종합 분석한 결과, 오랫동안 분노가 해소되지 않으면 면역 체계의 기능이 약해져 건강에 악영향을 미칠 수 있음을 발견하였습니다. 분노와 적개심은 음주와 흡연처럼 좋지 않은 습관의 원인이 되고, 소위 스트레스 호르몬으로 알려진 코디솔의 분비를 촉진하는데, 이런 현상들이 결국 면역력 약화를 일으킨다는 것입니다.
　그는 최근의 연구를 통해, 분노가 심장 혈관 질환을 앓고 있는 남성과 심장병에 시달리고 있는 폐경 여성들의 사망 및 추가 심장 발작을 일으킬 가능성을 증가시킬 수 있음을 발견했습니다. 또 뇌경색 환자의 약 40퍼센트가 발병 2시간 전 이내에 분노를 느꼈거나 분노를 일으킬 만한 상황을 겪었음을 발견하였습니다. 이외에도 분노가 건강에 부정적 영향을 끼친다는 연구 결과는 아주 많이 발표되고 있습니다.

그런데 사람들이 살아가는 모습을 조금만 세밀히 살펴본다면 굳이 최신 연구 결과를 보지 않더라도 분노가 사람의 건강과 행복에 부정적 영향을 끼침을 분명히 알 수 있습니다. 분노를 자주 느끼는 사람은 아픈 곳도 많고 행복하지도 않으며, 주변 역시 행복하지 않음을 쉽게 발견할 수 있기 때문입니다. 그래서 옛 성인들은 한결같이 분노를 경계하라고 하였고, 역대 명의들은 『동의보감』을 비롯한 각종 의서에 '무병장수하고 싶으면 오직 분노를 주의하라.'라고 기술했습니다. 즉 동서고금을 막론하고 분노는 마음을 쓸 때 가장 주의해야 할 요소인 것입니다.

그런데 제가 볼 때 분노 못지않게 중요한 요소가 한 가지 있습니다. 사랑받고 싶고, 존중받고 싶고, 관심받고 싶고, 인정받고 싶은 욕구가 채워지지 않을 때 생기는 '애정 결핍'이 바로 그것입니다. 아버지, 어머니, 형제자매, 친구들, 직장 상사, 동료, 남편, 아내, 연인, 이웃에게 사랑받고 싶고 인정받고 싶은데 뜻대로 되지 않아 스트레스를 받는 경우이지요.

괜히 나만 미워하는 것 같고, 나를 욕하는 것 같고, 이유 없이 나를 무시하는 것 같고, 내게는 아무런 관심이 없는 것 같고, 아무도 나를 인정하지 않는 것 같아 생기는 스트레스가 이만저만이 아닙니다. 사실 분노도 애정 결핍에서 발생하는 경우가 많습니다. 자식 중에서 나만 미워하는 것 같고, 노력할 만큼 노력했는데 인정해 주지 않고, 당연히 아내인 나를 사랑해 줘야 하는데 사랑해 주지 않기 때문에 화가 나는 것입니다.

슬픔도, 우울도, 불안도, 근심도, 좌절도, 원망도, 짜증도, 외로움도 마찬가지입니다. 나를 아껴 주지 않고 인정해 주지 않고 사랑해 주지 않아서, 슬프고 우울하고 불안하고 근심스럽고 좌절스럽고 원망스럽고 짜증스럽고 외롭습니다. 이처럼 애정 결핍은 스트레스를 일으키는 근본 원인인 경우가 많습니다. 그러므로 사실상 스트레스 중에서 가장 근본 핵심은 바로 애정 결핍이라고 할 수 있습니다.

애정 결핍은 그 자체로도 많은 스트레스를 일으키지만, 인정받고 사랑받기 위해 노력하는 과정에서 몸과 마음의 과로를 유발하기도 합니다. 또 애정 결핍은 거기에서 오는 좌절감을 풀기 위해 알콜이나 약물 중독 같은 나쁜 습관을 유발하기도 하기 때문에 2차적으로도 부정적 영향을 많이 일으킵니다. 따라서 애정 결핍은 건강하고 행복한 삶을 살기 위해 최우선적으로 다루어야 할 문제입니다. 하지만 해결은 쉽지 않습니다.

'두 발 달린 짐승이 어디를 못 돌아다니겠느냐?'라는 말이 있습니다. '사람이 자기 가고 싶은 대로 돌아다니는 것을 막을 수 없다.'라는 의미입니다. 이처럼 몸이 움직이는 것도 남이 어쩔 수 없는데 마음은 오죽할까요? 몸은 강제로 묶을 수나 있다지만 마음은 그럴 수도 없습니다. 마음은 몸보다 훨씬 자유롭기 때문에 도저히 남이 어쩔 수 없습니다.

그렇기 때문에 애정 결핍은 채우기가 쉽지 않습니다. 아껴 주지 않고 인정해 주지 않고 사랑해 주지 않는 것은 그 사람 마음이라 내가 어쩔 수 없기 때문입니다. '아껴 달라, 인정해 달라, 사랑해 달라.'는 요구도 한두 번이고, 아낌 받고 인정받고 사랑받기 위한 노력에도 한계가 있습니다. 상대가 마음을 바꾸지 않는 한 애정 결핍은 분노, 좌절, 원망 등으로 모습을 바꾸어 가며 끈질기게 스트레스를 주고, 이 스트레스는 인체의 균형과 조화를 깨뜨려 결국 몸과 마음의 질병을 일으키고 맙니다.

우리는 이렇게 애정 결핍에 상처 받고, 또 애정 결핍이 일으키는 질병에 고통 받으며 살 수밖에 없는 걸까요? 애정 결핍에서 야기되는 각종 스트레스로부터 벗어날 수 있는 길은 없는 걸까요?

방법은 있습니다. 남이 안 해 주면 내가 하면 됩니다. 내가 나를 아껴 주고 돌봐 주고 인정해 주고 사랑해 주면 됩니다. 사실 나조차도 나를 아껴 주지도 돌봐 주지도 인정해 주지도 사랑해 주지도 않으면서 다른 누군가에게는 그걸 기대한다는 것 자체가 모순입니다. 내가 태어날 때부터 지금까지 단 한순간도 떨어지지 않고 나와 늘 함께한 사람은 오직 나뿐입니다.

그러므로 내가 내게 베푼다면 그 누구보다도 많은 관심과 애정을 베풀 수 있고, 이는 나를 밝고 따뜻하고 사랑 넘치는 존재로 만들어 줄 것이며, 내가 이런 존재가 되면 자연스럽게 다른 사람의 관심과 애정을 받게 될 것입니다. 사람은 누구나 본능적으로 밝고 따뜻하고 사랑 넘치는 존재를 좋아하기 때문입니다. 결국 내가 내게 베푼 관심과 애정이 다른 사람의 관심과 애정까지 불러오는 선순환을 만듭니다.

내 뜻대로 안 되는 다른 사람의 마음과는 달리 내 마음은 의지만 있다면 내가 원하는 대로 움직일 수 있습니다. 많은 노력과 요구에도 불구하고 그저 상대의 처분만 기다려야 하는 것과는 달리 내가 나를 아끼고 사랑하는 것은 내게 의지만 있으면 그대로 이루어집니다. 눈치 볼 것도 없고 자존심 상할 것도 없고 좌절할 것도 없고 가슴 졸일 필요도 없습니다. 그저 나를 아끼고 사랑해 주겠다는 의지만 있으면 그냥 그대로 이루어지고, 이는 또 다른 관심과 애정을 불러오는 촉매제 역할을 합니다. 그러니 나부터 나를 아끼고 사랑해서 애정 결핍과 이로 인한 2차적 스트레스로 힘겨워하는 내게 기쁨과 행복을 선사하는 것이 좋지 않을까요?

나를 아끼고 사랑하는 방법

'몸이든 마음이든 모든 질환의 주요 원인은 스트레스다. 그런데 내게 가장 많은 스트레스를 주는 건, 즉 나의 몸과 마음을 가장 많이 닦달하고 괴롭히는 것은 바로 나 자신이다. 그러므로 건강과 행복을 얻기 위한 가장 기본적 요소는 나를 아끼고 사랑하는 것이다.' 라는 저의 견해에 동의하면서도 어떻게 하는 것이 나를 아끼고 사랑하는 것인지 모르겠다며 그 비결을 묻는 사람들이 많습니다.

하지만 특별한 비결 같은 것은 없습니다. 내가 나를 아끼고 사랑하는데 무슨 특별한 비결이 있다는 것 자체가 뭔가 이상한 일 아닐까요? 그냥 나의 사고와 행동의 습관을 잘 살핀 후 나를 괴롭히고 닦달하는 행위를 멈추면 됩니다. 굳이 비결을 찾자면 이것이 바로 비결입니다. 구름이 사라지면 해가 저절로 드러나듯이, 내게 스트레스 주는 행위를 멈추면 나는 저절로 건강하고 행복해집니다.

그런데 많은 사람들에게 '나를 괴롭히고 닦달하는 행위를 멈추는 것'은 쉽지 않습니다. 나를 힘들게 하는 것에 익숙해져 있을 뿐 아니라 뭔가를 끊임없이 추구하는 것에도 익숙해져 있어서, '나를 힘겹게 하는 행위를 멈추는 것'이 어렵고 막막하게 느껴집니다. 차라리 '나를 아끼고 사랑하는 법을 찾는 것'이 더 쉬워 보입니다.

그래서 나를 아끼고 사랑하는 새로운 방법을 열심히 찾으려 노력하고 또 실천하려 노력합니다. 문제는 이것이 또 다른 스트레스가 되어 나를 힘들게 할 가능성이 많다는 점입니다. 즉 '나를 아끼고 사랑해야 한다'는 것이 하나의 강박 관념이 되어, 나를 아끼고 사랑하기 위한 방법을 찾고 실천하느라 또다시 나를 들볶고 닦달할 가능성이 많습니다.

이러한 시행착오를 최소화하고 좀 더 쉽고 편하게 원하는 바를 성취하기 위해서는 일종의 실천 지침이 필요합니다. '나를 아끼고 사랑하는 데 비결이 있을 수 없다.'라는 말이 맞긴 맞지만 어느 정도 익숙해질 때까지는 비결 아닌 비결이 필요하니까요.

다음에 소개할 방법들은 많은 사람들이 실천해 보고 실제 효과를 거뒀던 것들만 모은 것입니다. 자신에게 맞는 방법을 골라 간절한 마음으로 실천한다면 몇 주 지나지 않아 나를 괴롭히고 닦달하는 행위를 멈추고 나를 아끼고 사랑하는 데 익숙해질 것입니다. 그리고 이에 비례해 내 삶은 더욱 건강해지고 행복해질 것입니다.

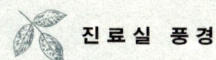 진료실 풍경

당신은 당신을 얼마나 사랑해 줬나요?

후배 J의 가족이 진료를 받으러 왔습니다. 알러지 비염을 앓는 아이 진료를 위해 왔는데, 내원한 김에 부부도 여름에 지친 체력을 회복시키는 보약을 한 제씩 먹고 싶다고 했습니다. 그래서 먼저 J의 부인부터 진찰을 시작했습니다.

"여름에 땀은 많이 흘렸어요?", "소화는 어때요?", "대변은 어때요?" 등 생리 기능에 대한 여러 가지 기본적 질문을 할 때만 해도 평범하게 진료가 진행되었습니다. 그런데 "남편은 잘해 주죠?"라고 묻는 순간 상황이 돌변했습니다. 갑자기 제수씨가 눈물을 줄줄 흘리는 것입니다. 사람이 2~3초도 안 되는 짧은 시간에 눈물을 줄줄 흘릴 수 있음을 처음 알았습니다. 당황한 제가 겉으로는 당황하지 않은 척 웃으며, "왜 그러세요? 저놈이 괴롭혀요?"라고 물었더니 J가 대답을 했습니다.

"아니에요, 형. 쟤가 가끔 저렇게 혼자 울어요. 야, 넌 창피하게 한의원에 와서도 우냐?"

J가 핀잔을 주자 제수씨가 눈물을 닦으며 말했습니다.

"죄송해요. 요즘 제가 눈물이 많아졌어요."

"괜찮아요. 근데 언제부터 그러셨어요? 무슨 일 있으세요?"

"J씨가 연애할 때는 안 그러더니 결혼 후부터는 말을 함부로 해요. 욕설을 하는 건 아닌데 늘 퉁명스럽고 구박조로 말을 해서 많이 속상해요. 그것 때문인지 요즘 들어 저도 모르게 자꾸 눈물이 나요."

의외였습니다. 제게는 늘 예의 바르고 깍듯한 후배여서 저는 J가 자기 아내에게도 그럴 것이라고 생각했습니다.

"아, 그렇군요. 제가 혼내 줄게요. 그런데 남편과의 사이에 그런 속상한 일이 있으면 보통 가슴이 답답하거나 신경질이 자주 나는 등 소위 화병 증상이 수반되거든요. 제수씨한테도 있나요?"

"아뇨. 지금은 없어졌어요. 1년 전까지만 해도 명치 밑에서 뭔가 불길 같은 것이 확 하고 일어나 목까지 솟아올랐는데 어느 순간 사라졌어요. 대신 1년 전부터 시도 때도 없이 눈물이 흐르기 시작했어요."

후배와 제수씨의 말을 번갈아 가며 한참 들어 보니 두 사람 모두 서로에 대한 불만이 있었습니다. 후배의 입장에 대해서는 둘이서 저녁에 맥주 한잔하며 다시 이야기하기로 하고, 우선 제수씨의 관점에서 이야기를 풀어 갔습니다.

"제가 들어 보니 의외로 J가 말을 함부로 하네요. 제수씨가 기분 상해할 만합니다. 그런데 제가 볼 때 제수씨도 고칠 점이 있어요. 밝지가 않아요. 왠지 감정이 메마른 듯하고 차가운 것 같아요. 제수씨가 먼저 밝고 따뜻하게 J를 대해 주면 J도 달라지지 않을까요?"

"제 말이 그 말이에요."라는 J의 말을 못 들은 척하며 제수씨가 대답했습니다.

"제가 그런다고 해서 고칠 사람이 아니에요. 수없이 말했지만 달라지지 않았어요. 이젠 그럴 의욕도 없어요."

연신 휴지로 눈물을 닦으며 이야기하는 제수씨를 보니 응어리진 게 많은 것 같았습니다. '두 사람을 서로의 기대치에 맞추는 문제에 대해선 J하고 나중에 따로 이야기해야겠다. 일단 제수씨 혼자 풀 수 있는 방법을 먼저 이야기해야겠다.'라고 생각하고 다시 제수씨를 쳐다보며 말했습니다.

"부부라는 게 굉장히 복잡한 관계인 것 같지만 결국 달랑 두 사람의 문제잖아요? 한 사람이 반이니까 한 사람이 바뀌면 결국 부부 관계 전체가 바뀌게 되어 있어요. J가 비록 말은 저렇게 함부로 하지만 다른 면에서 보면 좋은 점도 많잖아요? 주말에는 늘 가족과 함께하고, 평일에도 제수씨 운동 시간에 맞춰 들어가려고 노력하고, 생활

나를 아끼고 사랑하라 **151**

비 제때 가져다주고 하잖아요? 그러니 다른 장점을 보고 이 단점은 눈감아 주는 게 어때요? J가 말을 함부로 하거나 말거나 그러려니 하고 넘어가면 제수씨도 편해지고 부부 관계도 좋아지지 않겠어요?"

"말씀은 그럴듯하지만, 그냥 눈 감고 살 수는 없어요. 그렇게 살려면 결혼을 왜 했겠어요? 남편한테 따뜻한 말 듣고, 따뜻한 손길 받으러 결혼했지 함부로 취급받으려고 결혼한 건 아니잖아요?"

"음, 듣고 보니 그러네요. 그건 제수씨 말이 맞아요. 그런데 우리 차분하게 근본부터 다시 한 번 따져 봅시다. 제수씨 말마따나 결혼을 왜 했는지 생각해 보자고요. 결국 결혼하면 행복할 거라는 믿음 때문이잖아요? 남편에게 따뜻한 말 듣고 따뜻한 손길 받고 싶은 것도 그러면 행복할 거라는 믿음 때문이고요. 가장 근본적이고 가장 중요한 것은 행복과 만족감이잖아요? 이왕이면 제수씨가 원하는 대로 남편의 따뜻한 말과 손길을 통해 행복을 얻으면 금상첨화겠죠. 하지만 J의 성격상 그걸 당장 기대할 순 없잖아요?

그렇다면 다른 요소들, 즉 앞에서 말한 J의 다른 장점을 통해 결혼의 궁극적 목적인 행복감을 얻으면 되지 않을까요? 행복이라는 전략만 달성할 수 있다면 구체적인 전술은 좀 바뀌어도 되지 않느냐는 말이에요. 꼭 제수씨가 원하는 방법으로 결혼 생활의 행복을 달성해야만 하는 건 아니잖아요?"

제수씨는 계속 눈물을 닦으면서 낮은 목소리로, 그러나 단호하게 이야기했습니다.

"죄송하지만 궤변으로 들려요. 세상 여자들에게 물어보세요. 아무리 다른 것이 다 채워진다 하더라도 남편에게 따뜻한 말과 손길을 못 받는 결혼 생활을 행복해할 여자는 하나도 없어요. 그건 다른 것으로 대체할 수 없는 기본 요소예요."

저의 의도는 현재 주어진 상황 내에서 최대의 행복과 만족을 얻을 수 있는 방법을 어떻게든 찾아보자는 것인데, 이렇게까지 단호하게 나오니 더 이상 할 말이 없었습니다. 일단 대화의 방향을 바꾸는 수밖에 없었습니다.

"좋습니다. 제수씨 말이 맞아요. 그런 아내들의 마음을 모르고 함부로 대하는 남편들이 나쁜 놈들이죠. 사랑받고자 하는 제수씨의 마음을 몰라주고 함부로 대하는 J에게 문제가 있네요. 그런데 제수씨!"

여기까지 말하고 잠시 뜸을 들인 후 약간 질책하는 말투로 물었습니다.

"제수씨는 그렇게 사랑받는 것에 목말라하는 제수씨 자신을 얼마나 아끼고 사랑해 줬어요? 따뜻한 말과 따뜻한 손길로 자신에게 관심과 애정을 베풀어 줬냐구요?"

깜짝 놀랐는지 눈물이 뚝 그친 눈으로 '그게 무슨 말씀이세요?'라고 묻기라도 하듯 쳐다보는 제수씨에게 저는 계속 질책하는 투로 말했습니다.

"남편이 안 해 주면 나라도 나를 아끼고 사랑해 줘야겠다는 생각은 한 번도 해 본 적 없죠? 사랑해 주기는커녕 남편에게 사랑받지 못하는 데서 오는 외로움과 원망, 분노 등 여러 가지 스트레스로 오히려 자신을 괴롭혔죠? 예전에 있었던 화병 증상과 요즘 있는 과다한 눈물 증상이 피할 수 없는 증거예요.

이상하지 않아요? 자기의 행복에 대한 책임을 전적으로 남편한테 전가한 채 자신은 스스로를 방치하고 오히려 불편하게 만든다는 게요. 내가 나하고 있는 시간이 많겠어요, 남편하고 있는 시간이 많겠어요? 죽음의 순간을 포함해 어떠한 상황에 처해 있건 늘 나와 함께 있는 건 오직 나뿐이에요. 그러니 내가 나를 돌봐 주고 아껴 주고 사랑해 주는 것이 내 건강과 행복을 위해 그 무엇보다도 중요해요.

이제 제수씨의 건강과 행복을 위해서 이렇게 하세요. '좋다. 내 마음대로 되지 않는 남편에게만 전적으로 의존하지 않겠다. 남편이 안 하면 내가 직접 하겠다. 내가 나를 아끼고 사랑해 주겠다.'는 생각을 가지고 스스로에게 따뜻한 말도 해 주고, 불편한 부분은 만져도 주세요. 먹고 싶어 하는 맛있는 음식을 먹여도 주고, 피곤해하면 푹 재워도 주고, 공원에서 산책도 시켜 주는 등 현실이 허락하는 범위 내에서 가능한 한 자신이 원하는 것은 무엇이든 들어주세요.

이렇게 자신을 즐겁고 기쁘게 해 주세요. 이처럼 자신에게 관심과 애정을 쏟아 주는 것을 '나 사랑'이라고 하는데, '나 사랑'을 해 보면 지금보다 훨씬 더 건강하고 행복한 삶을 살 수 있을 거예요.

제가 이렇게 말하니까 또 '혼자 북 치고 장구 치며 행복을 느끼려고 결혼한 건 아니에요'라고 말하고 싶죠? 근데 그게 아니에요. 이렇게 일단 제수씨가 남편에게 갈구하는 바 없이 스스로 건강하고 행복해지면 신기하게도 남편을 포함한 주변 사람들이 제수씨에게 점점 더 많은 관심과 애정을 표현하게 돼요. 사람에게는 밝고 건강하고 행복한 사람을 좋아하는 속성이 있거든요. 함께 있으면 자기도 기분 좋고 행복해지는데 당연히 함께하고 싶고 애정을 주고 싶지 않겠어요?"

이해되지 않는 듯한 표정으로 쳐다보는 제수씨에게 "처음 듣는 이야기라서 생소하고 낯설게 들릴 거예요. 믿어지지 않을 수도 있고요. 하지만 저한테는 너무나 당연한 이야기예요. 제 주변에는 '나 사랑' 실천을 통해 자신의 삶을 건강하고 행복하게 변화시킨 사람이 아주 많아요. 그러니 믿고 한번 해 보세요."라고 말하며 진료를 마무리하였습니다.

바라보기

부모가 자식을 키울 때에도, 남녀가 연애를 할 때에도, 스승이 제자를 가르칠 때에도 기본적으로 가장 먼저 하는 일은 자식의, 연인의, 제자의 특성을 이해하는 것입니다. 먼저 무엇을 좋아하고, 무엇을 싫어하고, 어떤 감정 상태에서는 어떤 행동을 하고, 바라는 바는 무엇인지 등을 알고 나서야 그들에게 맞는 사랑을 베풀 수 있습니다. 이처럼 누군가를 사랑하기 위해서는 상대를 이해하는 것이 기본이고, 그러려면 우선 상대를 있는 그대로 관찰해야 합니다.

나를 아끼고 사랑하는 것도 마찬가지입니다. 우선 나를 이해해야 합니다. 그동안 나를 닦달하고 들볶았던 이유도 내가 미워서가 아니라 나를 잘 이해하지 못해서였던 것입니다. 따라서 우선은 나를 자세히 관찰할 필요가 있습니다.

내가 무엇을 좋아하는지, 내가 무엇을 싫어하는지, 좋은 일을 할 때의 마음가짐과 행동 패턴은 어떤지, 나쁜 일을 할 때의 마음가짐과 행동 패턴은 어떤지, 특히 자주 느끼는 감정 상태는 무엇인지, 몸에서 특히 약한 부분은 어디인지 등을 자세히 알아야 내게 맞는 애정과 사랑을 베풀 수 있습니다.

마치 누군가를 사랑할 때 그 사람을 자세히 살펴보듯 나 자신을 이해하고 사랑하기 위해 나를 자세히 살펴보는 방법을 '바라보기'라고 합니다. '바라보기'에는 1단계 바라보기와 2단계 바라보기가 있는데, 하나씩 차례대로 살펴보도록 하겠습니다.

1단계 바라보기

1단계 바라보기는 철저한 관찰자의 입장에서 나의 몸과 마음에서 일어나는 여러 가지 상황들을 그저 있는 그대로 관찰하는 것입니다.

밥을 먼저 먹는지 반찬을 먼저 먹는지, 걸을 때 인도의 안쪽으로 걷는지 바깥쪽으로 걷는지, 기분 좋을 때와 기분 나쁠 때 말투가 어떻게 다른지, 공돈이 생기면 주로 어떻게 쓰는지, 과거에 대한 후회가 많은지 즐거운 기억이 많은지, 미래에 대한 희망이 많은지 불안이 많은지, 낯선 사람을 만났을 때는 처음에 어떻게 대하는지, 화가 날 때는 표출하는지 속으로 삭이는지, 기쁠 때 크게 웃고 떠드는지 차분하게 미소만 짓는지, 엎드려서 자는지 옆으로 누워서 자는지 반듯하게 누워서 자는지, 다른 사람의 부탁을 받았을 때 주로 들어주는 편인지 아니면 거절하는 편인지, 다른 사람에게 부탁을 잘하는 편인지 아닌지, 내가 원하는 삶은 무엇이고 지금 그렇게 살고 있는지 아닌지 등 내가 하는 모든 사고와 행동을 관찰하는 것입니다.

만약 모든 상황을 관찰하기가 힘들면 특히 내 마음이나 몸에 비교적 큰 변화를 일으키는 상황에 초점을 맞추어 관찰해도 됩니다. 예를 들어 맥주만 마시면 설사하는 것, 자장면을 먹을 때는 맛있는데 먹고 나면 배가 아픈 것, 부장하고 이야기만 하고 나면 머리가 아픈 것, 텔레비전에서 공무원 비리 뉴스만 나오면 신경질이 나서 참을 수 없는 것, 잘난 척하는 남자들만 보면 한 대 후려치고 싶은 것, 노란 원피스를 입은 아가씨만 보면 괜히 기분이 좋아지는 것, 청순가련형 여주인공을 보면 짜증나는 것, 따뜻한 말 한마디에 호감이 없던 사람에게 호감을 느끼는 것 등 남들과는 달리 유독 내가 민감하게 반응하는 상황들을 자세히 살펴보면 됩니다.

이때 주의할 것은 옳고 그름의 잣대를 들이대면 안 된다는 것입니다. '이러면 안 되는데 내가 또 왜 이럴까?', '아, 또 내가 이런 감정에 빠졌구나. 화내면 안 되는데.' 등의 판단을 하고 그 판단대로 나를 바꾸려고 하면 안 됩니다.

연애할 때 상대의 감정을 고려하지 않고 내 열정만 앞세워 성급하게 다가가면 사랑이 이루어지지 않는 것처럼, 옳고 그름의 잣대로 성급하게 내 생각이나 행동을 판단하고 교정하고 심지어 심판하려

하면 나와의 사랑은 이루어지지 않습니다. 판단하지 말고 있는 그대로 관찰만 하세요. 지금까지 그렇게 살아왔습니다. 혹시 마음에 안 드는 부분이 있다고 해도 굳이 서두를 필요는 없습니다. 서두르면 오히려 일을 망칠 수도 있습니다. 한두 가지 고치는 것보다는 나를 이해하고 나와의 사랑을 이루는 쪽이 훨씬 더 중요합니다. 중간에 샛길로 새지 말고 계속 그냥 그대로 관찰만 하세요.

이렇게 관찰을 하다 보면 내가 나에 대해 참 몰랐다는 사실을 깨닫게 됩니다. 내가 이렇게 나한테 관심이 없었나 싶을 정도로 새삼 알게 되는 것이 많습니다. 밤을 좋아하는 줄 알았는데 알고 보니 먹을 때마다 목이 메어서 싫어한다는 것, 몸이 유연한 줄 알았는데 많이 뻣뻣하다는 것, 초콜릿 등 단 음식을 좋아한다는 것, 생고기보다 양념 고기를 더 좋아한다는 것, 산책하기를 좋아한다는 것, 누군가에게 부탁하기 어려워한다는 것, 나이 많은 사람과 이야기할 때는 많이 부담스러워한다는 것, 쾌활한 성격이라 사람 만나는 걸 좋아하는 줄 알았는데 낯을 가린다는 것, 몸의 이곳저곳에 아픈 부분이 있다는 것, 성격이 급한 줄 알았는데 의외로 진득한 면도 있다는 것, 착한 줄 알았는데 착한 것이 아니라 착해야 한다는 강박 관념이 있었고 이 때문에 스트레스를 받고 있었다는 것, 대범한 사람인 줄 알았는데 소심한 면도 많다는 것, 합리적으로 살고 있는 줄 알았는데 알고 보니 별 생각 없이 남 사는 대로 살아가고 있었다는 것 등 막상 나를 자세히 관찰해 보면 원래 내가 알고 있던 것과 다른 경우도 많고 새로운 면도 많습니다.

내가 나한테 무심했음을 처음으로 인정하게 됩니다. 가족 중 누군가의 고민이나 특성을 새삼 알게 되었을 때처럼 나한테 미안하기도 하고, 앞으로 잘해 주어야겠다는 생각이 들기도 합니다. 드디어 나와의 화해가 시작되고, 이해가 시작되고, 사랑이 시작됩니다.

이렇게 1단계 바라보기에서는 그저 있는 그대로의 상황을 바라보기만 하면 됩니다. 다른 노력은 아무것도 할 필요가 없습니다. 일어나는 상황을 관찰하는 것만으로도 '나 사랑'의 큰 걸음을 성공적으로 디딜 수 있습니다.

2단계 바라보기

2단계라고 해서 어렵거나 복잡해지는 것은 아닙니다. 1단계 바라보기를 성실하게 실천한 사람이라면 2단계 바라보기 역시 쉽게 할 수 있습니다. 1단계 바라보기보다 한 발만 더 '나'를 향해 걸으면 됩니다. 앞서 살펴본 1단계 바라보기가 나의 몸과 마음에서 일어나는 여러 가지 상황들을 그저 있는 그대로 관찰하는 것이었다면, 2단계 바라보기는 그러한 상황들이 일어난 배경을 살펴보는 것입니다.

예를 들어 맥주만 마시면 설사하는 것은 내 속이 차갑기 때문이고, 자장면을 먹을 때는 맛있는데 먹고 나면 배가 아픈 것은 춘장을 잘 소화시키지 못하기 때문이고, 부장하고 이야기만 하고 나면 머리가 아픈 것은 긴장을 많이 해서이고, 텔레비전에서 공무원 비리 뉴스만 나오면 신경질이 나서 참을 수 없는 것은 나는 이렇게 고생하는데, 그들은 철밥통으로 편히 지내면서 뭐가 부족해서 비리를 저지르는지 이해가 안 되기 때문이고, 잘난 척하는 남자들만 보면 한 대 후려치고 싶은 것은 아들을 편애하는 어머니 치맛바람 덕에 겨우 대학 나오고 직장 들어간 주제에, 그래도 집에 오면 남자라고 잘난 척하는 오빠가 생각나고, 동시에 딸이라고 부당한 대우를 받는 내 처지가 떠오르기 때문이고, 노란 원피스를 입은 아가씨만 보면 괜히 기분 좋아지는 것은 내가 좋아하는 여배우가 영화에서 노란 원피스를 예쁘게 입고 나왔던 기억 때문이고, 청순가련형 여주인공을 보면 짜증나는 것은 내숭이 훤히 보이기 때문이고, 따뜻한 말 한마디에 호감이 없던 사람에게 호감을 느끼는 것은 내가 따뜻한 말에 굶주렸기 때문임을 살펴보는 것입니다.

일어난 상황을 단순히 바라보는 것에서 한 발 더 나아가 내가 그렇게 느끼고 경험하는 이유를 나에게 초점을 맞춰 파악하도록 해보세요. 이런 과정을 통해 나는 나를 한층 더 깊이 이해할 수 있게 됩니다.

이때 역시 주의할 점은 옳고 그름의 잣대를 들이대면 안 된다는 것입니다. 내가 하는 행동과 느끼는 감정의 배경에 아무리 터무니없고 비합리적인 이유가 숨어 있다고 하더라도 성급하게 판단하고, 그 판단에 따라 나를 교정하려고 해서는 안 됩니다. 아직은 판단과 심판과 교정이 아니라 깊은 이해가 필요한 시점입니다. 충분하다는 판단이 들 때까지는 계속해서 나를 이해하는 것에만 초점을 맞추어야 합니다.

이렇게 2단계 바라보기를 열심히 하여 충분히 나를 이해하게 되었다는 판단이 들면, 이때부터는 조심스럽게 내게 스트레스를 주는 몸과 마음의 습관을 편안함과 만족감을 주는 것으로 바꾸기 시작해도 됩니다. 예를 들어 속이 차서 설사한다는 것을 알았으니, 맥주를 덜 마시거나 맥주 대신 소주를 마시면 설사 증상은 줄어들 것입니다. 부장하고 대화할 때의 긴장이 두통을 야기한다는 것을 알았으니, '이제 나는 신입 사원이 아니다. 부장님하고 한두 번 이야기 한 것도 아니다. 단순 보고를 하면서 긴장할 필요는 없다.'라고 자신을 설득하면 결국 긴장과 두통은 줄어들 것입니다.

이런 식으로 2단계 바라보기를 열심히 해서 내 사고와 행동의 패턴에 깔려 있던 이유를 발견하고, 그 이유에 근거해 내게 편안함과 즐거움을 주도록 생각과 행동을 바꾸어 보십시오. 어느새 내 몸과 마음에 가해지던 스트레스는 많이 줄어 있고 만족감은 늘어 있음을 발견하게 될 것입니다.

뿌리 캐기

바라보기를 열심히 한 후 내 사고와 행동의 패턴을 바꾸는 것만으로도, 몸과 마음이 받는 스트레스를 많은 부분 해소할 수 있고 또 만족감을 증대시킬 수 있습니다. 그런데 바라보기를 아무리 열심히 해도 변함없이 똑같이 스트레스를 받는 상황이 있습니다. 차분하게 생각해 보면 별 스트레스 받을 상황이 아니거나 이미 충분히 극복한 것 같은데도 이상하게 막상 닥치면 이전과 똑같이 스트레스 받는 상황이 있는 것입니다.

이럴 때에는 2단계 바라보기를 여러 번 반복해야 합니다. 바라보기가 특정 상황의 스트레스 조절에 아무런 영향을 주지 못하는 이

본래 사물은 좋고 나쁜 것이 없다.
우리가 생각하기에 따라
좋고 나쁜 것으로 갈라지는 것이다.
- 셰익스피어 -

유는 바라보기를 통해 얻어낸 결론을 의식적이건 무의식적이건 본인이 스스로 납득하지 못하기 때문입니다. 따라서 그 상황이 주는 스트레스를 조절할 수 있으려면 특정 감정이나 행위의 배경에 깔려 있는 이유를 살펴보고, 그 이유가 나오면 그 이유의 이유를 살펴보고, 또 그 이유의 이유의 이유를 살펴보는 등 자신이 스스로 납득할 만한 결론이 나올 때까지 이유를 캐 들어가야 합니다.

이렇게 스스로 납득할 만한 이유를 찾을 때까지 반복적으로 찾아 들어가는 것을 '뿌리 캐기'라고 합니다. '뿌리 캐기'의 예를 하나 들자면 다음과 같습니다.

아는 사람 중에 평범한 가장이 한 명 있습니다. 이 사람은 평소 때에는 겁이 없는데 유독 놀이 기구는 겁을 냈습니다. 몇 년 전 용기를 내서 바이킹을 한 번 탔다가 힘들어 죽을 뻔한 이후로는 놀이 기구라면 탈 생각조차도 못 했습니다.

그는 '겁이 많은 것도 아니고 놀이 기구가 위험한 것도 아닌데 왜 유독 놀이 기구만 못 탈까?'에 대해서 깊이 생각해 보았습니다. 안 타면 그만이지만 자신이 놀이 기구를 못 타는 이유가 궁금하기도 했고, 아직 어린 아들에게 미안하기도 했기 때문입니다.

깊이깊이 이유를 찾아 들어가다가 초등학교 때 처음 놀이 기구

탔을 때를 기억해 냈습니다. 몸이 안 좋은 상태에서 차멀미를 심하게 한 후 놀이 기구를 탔다가 엄청나게 고생한 기억이 생생했습니다. 이때의 기억이 남아서 놀이 기구만 타면 몸과 마음이 긴장하고 두려움을 느낀다는 결론을 내리고, '지금 나는 몸이 아프지도 않고 멀미를 하지도 않았고 어린아이도 아니다. 나는 놀이 기구를 타는 수많은 다른 사람들처럼 건강한 성인이다.'라는 걸 자신에게 설명하였습니다.

과거의 기억 이외에는 자신이 놀이 기구를 무서워할 이유가 전혀 없다는 걸 이해한 그는 휴일이 되자 아들과 함께 놀이동산에 가서 실컷 놀이 기구를 탔습니다. 자유이용권을 구입하여 너무 많이 탄 탓에 피곤하기는 하였지만 예전처럼 공포 때문에 심장이 멎을 것 같다거나 어지럽고 토할 것 같은 증상은 전혀 없었습니다.

또 다른 예로는 30대 후반의 남자 이야기를 들 수 있습니다. 그는 평소 때에는 말도 잘하고 여유도 있는데, 유독 아버지나 아버지 연배의 남자들하고 이야기할 때는 말을 더듬거나 당황하기 일쑤였습니다. 자신이 뭔가 아쉬운 소리를 해야 하는 약자의 위치에 있을 때는 물론이고 부탁을 받는 위치에 있을 때에도 상황은 마찬가지였습니다. 평이하게 대화를 잘하다가도 상대방이 조금만 목소리를 높이거나 따지고 들면 금세 평정을 잃고 당황하여 제대로 말을 못했습니다.

그러니 업무 처리가 제대로 될 리가 없었습니다. 이러는 자신을 못마땅하게 여기면서도 같은 상황이 되면 늘 같은 행동을 되풀이하던 어느 날 그는 '나는 도대체 왜 나이 많은 남자들하고는 정상적으로 대화를 하지 못할까? 더 이상 이렇게 살 수는 없어. 원인을 파악해서 반드시 고쳐야겠어.'라고 결심하고 자신을 면밀히 살피기 시작했습니다.

며칠 동안 자신의 사고와 행동의 패턴을 면밀하게 관찰한 그는 한 가지 결론에 도달했습니다. '어린 시절 아버지가 너무 무서웠다. 엄마도 친척들도 모두 아버지를 무서워했다. 아버지는 가족 전체에 군림하는 독재자였다. 이 기억이 너무 강해서 지금도 아버지를 무서워하고, 아버지 연배의 남자를 무서워하는 것이다.'라는 결론을 내린 것입니다. 원인을 파악하자 개선책도 따라 나왔습니다. 그는 '지금 나는 아버지를 무서워하던 그때의 그 아이가 아니다. 지금 나는 어린 시절 내가 무서워하던 아버지의 나이가 되었고, 아버지는 연세가 들어 노인이 되셨다. 지금 내게 아버지는 전혀 무서운 존재가 아니다. 그리고 아버지 연배의 다른 남자들은 내 아버지가 아닐 뿐 아니라 모두 노인들이다. 무서워할 이유가 전혀 없다.'라는 말을 반복해서 자신에게 들려주었습니다.

그 결과 아버지나 아버지 연배의 남자들하고 이야기할 때 평정을 잃는 횟수와 정도는 현저히 줄었고, 한 달이 지나지 않아 거의 사라졌습니다. 물론 나이 많은 남자들을 상대로 하는 경우에도 정상적으로 업무 처리가 이루어졌습니다.

이처럼 뿌리 캐기는 반복되는 강력한 스트레스를 조절하는 데 큰 도움이 됩니다. 바라보기로 해결되지 않는 스트레스도 뿌리 캐기를 통하면 거의 다 해결이 됩니다. 그런데 비교적 손쉽게 할 수 있는 바라보기와는 달리 뿌리 캐기를 성공하기 위해서는 많은 인내와 절실함이 필요합니다.

우선 근본 원인을 찾아가는 과정이 바라보기보다 길고, 경우에 따라선 정확한 원인을 못 찾아 헤매는 경우도 있습니다. 또 바라보기의 경우 원인을 찾으면 쉽게 해결책이 나오고 이를 실생활에 적용하면 쉽게 스트레스가 조절되지만, 뿌리 캐기의 경우에는 원인에 따른 해결책을 찾는 것도 복잡하고, 이를 실생활에 적용할 때도 여러 번 반복해서 부딪쳐야 스트레스가 조절되는 경우가 많습니다. 뿌리 캐기의 대상은 그만큼 강력하게 각인된 스트레스이기 때문입니다.

하지만 어려운 대신 뿌리 캐기에 성공하면 그 성과는 상당히 큽니다. 내 삶에 지속적으로 영향을 주던 강력한 스트레스 중 하나가 획기적으로 줄어들거나 아예 사라지기 때문에 삶의 질이 크게 향상됩니다. 그러니 꼭 해결하고자 하는 스트레스가 있다면, 반드시 해결하겠다는 절실함과 인내를 가지고 뿌리 캐기를 한번 해 보길 바랍니다.

대화하기

좋은 관계를 유지해 가기 위해서도, 오해와 갈등을 풀고 화해의 길을 가기 위해서도, 서로 이해와 사랑을 키워 가기 위해서도, 사람 사이에 대화는 꼭 필요한 요소입니다. 나와의 관계에서도 마찬가지입니다. 일단 바라보기와 뿌리 캐기를 통해 관심과 애정을 갖고 충분히 관찰했으면 그다음에는 대화를 나누어야 합니다. 대화를 통해 더 많은 이해를 얻을 수도 있고, 더 나은 방향으로 사고와 행동의 패턴을 바꾸어 갈 수도 있기 때문입니다.

이렇게 대화를 통해 나에 대한 이해를 높이고, 나를 긍정적 방향으로 바꾸어 가는 것을 '대화하기'라고 합니다. '대화하기'는 보통 바라보기나 뿌리 캐기와 병행하여 쓰입니다. 뿌리 캐기에서 이미 보았던 '놀이 기구 못 타는 가장'의 예를 들어 살펴보면 다음과 같습니다. 나에게 질문을 던지고, 내가 대답합니다.

질문 : 나는 다른 사람과 다른 바 없는 평범한 성인 남성인데 왜 놀이 기구를 못 타는 것일까? 평소 겁이 많은 것도 아닌데 왜 유독 놀이 기구만 무서워하는 걸까?

대답 : 글쎄, 뭔가 이유가 있지 않을까? 네가 뭔가 문제가 있는 사람도 아닌데 그러는 것을 보면 아마 이유가 있을 거야.

질문 : 그래, 이유가 있을 거야. 그 이유를 한번 찾아봐야겠다. (이것저것 생각하다가) 혹시 나한테 고소공포증이 있는 것 아닐까?

대답 : 그건 아닌 것 같아. 서울타워나 높은 건물에서 아래를 내려다볼 때는 안 무서워하잖아? 이건 오직 놀이 기구나 그 비슷한 탈 것과의 관계 때문인 것 같아.

질문 : 음, 그건 그렇네. 하지만 내가 멀미를 하는 것도 아니고……. 아, 그러고 보니 내가 어릴 때 멀미를 아주 심하게 한 적이 있어. 감기로 몸이 안 좋을 때 차를 타서 멀미를 했는데, 그때가 처음으로 놀이동산에 갔던 날이야.

대답 : 혹시 그때 놀이 기구도 탔어?

질문 : 응. 워낙 타고 싶었던 것이라 아파도 무리해서 탔지. 그러고 나서 두통과 구토로 고생했어.

대답 : 잠깐! 놀이 기구 타고 나서 두통과 구토로 고생했다고? 혹시 그때의 기억 때문이 아닐까?

질문 : 설마 그럴 리가. 그때가 언젠데 아직도 그때 경험 때문에 그러겠어?

대답 : 아니야. 내 생각엔 그때의 경험 때문일 가능성이 높은 것 같아. 다른 이유가 없잖아? 그러니 일단 그 경험을 유력한 용의자로 보자.

질문 : 음……. 만약 그렇다면 지금 내가 놀이 기구를 못 탈 이유가 없잖아?

대답 : 맞아. 지금 너는 몸이 아프지도 않고 멀미를 하지도 않았고 어린아이도 아니야. 너는 놀이 기구를 타는 수많은 다른 사람들과 마찬가지로 건강한 성인이야. 그러니 놀이 기구를 무서워할 이유도 못 탈 이유도 없어.

질문 : 좋아. 그럼 오는 휴일에는 아들 녀석이랑 놀이동산에 가서 과감하게 놀이 기구에 도전해 봐야겠다.

대답 : 그래. 이번에는 분명히 잘 탈 수 있을 거야. 힘내!

위에서 든 예처럼 바라보기와 뿌리 캐기를 할 때 꼭 처음부터 끝까지 대화하기 방법을 병행할 필요는 없습니다. 처음부터 병행해도 되고, 중간부터 병행해도 되고, 마지막에 병행해도 되고, 아예 병행하지 않아도 됩니다. 본인이 편리한 대로 하면 됩니다.

그럼에도 불구하고 제가 여기서 대화하기 방법을 자세히 소개하는 이유는 대화하기 방법이 혼자 생각하는 것보다 훨씬 더 효율적이기 때문입니다. '어차피 머릿속에서 하는 대화니 결국 혼자 생각하는 것이나 마찬가지 아닐까?'라고 생각하기 쉽지만 실제로 해 보면 차이가 아주 많습니다. 혼자 생각하는 것보다 머릿속에 '질문하는 나'와 '대답하는 나'를 만들어 놓고 둘이 대화를 하는 편이 바라보기와 뿌리 캐기를 훨씬 더 빠르고 정확하게 진행시켜 줍니다.

옛 성인들이 한결같이 언급한 것처럼 내 안에 소위 '내면의 지혜', '내면의 스승'이 있어서 내가 진지하게 물으면 찾는 답을 들려주는 것일 수도 있고, 사람의 인식 체계가 질문과 답변의 형식을 취할 때 더 정확하게 작동하는 것일 수도 있습니다. 또 어쩌면 내가 생각하는 것보다 내가 훨씬 더 똑똑하고 지혜롭기 때문일 수도 있습니다.

이유야 어쨌든 실제로 해 보면 대화하기가 나를 이해하고, 또 나를 원하는 방향으로 변화시키는 데 아주 효율적 방법임은 분명합니다. 그러니 바라보기, 뿌리 캐기를 대화하기와 병행해서 해 보세요. 오랫동안 나를 힘들게 했던 굵직한 스트레스가 어느새 가벼워져 있을 것입니다.

바꿔 하기

바라보기, 뿌리 캐기, 대화하기는 그것들을 하는 것만으로도 내게 불편과 힘겨움을 주는 스트레스를 일정 부분 해소시켜 줍니다. 현재 내가 받는 스트레스를 자세히 살펴 '아하, 지금 내가 이것 때문에 이렇게 스트레스 받을 필요가 없구나.'라는 것을 충분히 이해하는 순간, 스트레스는 반감됩니다. 상황이 바뀌지 않아도, 내가 뭔가를 적극적으로 하지 않아도 이해하는 순간 저절로 스트레스가 줄어드는 것입니다.

이런 경우들과는 달리, 실제로 사고와 행동의 습관을 바꿔야 스트레스가 조절되는 경우도 많습니다. 아무리 바라보기, 뿌리 캐기, 대화하기를 통해 원인을 찾고 해결책을 찾았다고 해도 그 해결책을 실제로 실천하지 않으면 아무런 소용이 없는 경우입니다.

제가 어릴 적에 본 만화책에 이런 장면이 있었습니다. 감독이 타석에 들어서는 타자에게 "공을 끝까지 봐."라고 지시합니다. 그러자 타자는 공이 포수의 미트에 들어갈 때까지 볼이건 스트라이크건 끝까지 열심히 공을 바라보다가 결국 삼진 아웃을 당합니다. 멀거니 서서 삼진 아웃을 당하고 들어온 타자에게 감독이 화를 내자 선수는 "시키는 대로 끝까지 공을 쳐다봤는데 왜 화를 내세요?"라고 되묻습니다. 이 선수는 감독의 참의도를 몰랐던 것입니다.

감독의 진짜 뜻이 공을 잘 보고 치라는 것이듯, 바라보기, 뿌리 캐기, 대화하기의 진짜 뜻은 이런 과정을 통해 삶을 즐겁고 행복한 것으로 바꾸는 데 있습니다. 상황의 이해만으로 스트레스가 조절되지 않으면, 스트레스가 줄고 만족감이 늘어나는 쪽으로 적극적으로 사고와 행동의 패턴을 바꾸어야 합니다. 그냥 서서 삼진 아웃을 당해서는 안 됩니다.

그런데 문제는 안다고 해도 원하는 방향으로 사고와 행동의 패턴을 바꾸기가 쉽지 않다는 사실입니다. 오랫동안 반복되어 습관화된 패턴을 단번에 바꾸는 것은 여간한 의지가 아니면 성공하기 어렵습니다. 그래서 평소 사고와 행동의 패턴을 바꾸는 연습을 할 필요가 있는데 이를 '바꿔 하기'라고 합니다.

'바꿔 하기'는 아주 쉬운 것부터 실천하는 편이 좋습니다. 처음부터 스트레스와 관련된 습관을 바꾸려 하다 보면 금방 지쳐서 중도에 포기하기 쉽습니다. 아무런 부담 없이 쉽게 바꿀 수 있는 습관을 바꾸는 것부터 연습해야 합니다. 그래서 바꿔 하기에는 총 4가지 단계가 있는데, 하나씩 차례대로 살펴보겠습니다.

1단계 바꿔 하기

1단계 바꿔 하기는 아무 부담 없이 장난치듯 바꿀 수 있는 습관을 대상으로 합니다. 밥을 먹을 때 꼭 밥부터 먼저 먹는 습관이 있다면 국이나 반찬을 먼저 먹어 보고, 지하철 탈 때 가운데 칸쯤에 타는 습관이 있다면 맨 앞 칸이나 뒤 칸에 타 보고, 화장실 이용 후 오른손으로 휴지를 사용하는 습관이 있다면 왼손으로 휴지를 사용해 보고, 휴대 전화를 오른손으로 들고 오른쪽 귀에 대고 사용하는 습관이 있다면 왼손으로 들고 왼쪽 귀에 대고 사용해 보고, 회사나 집에 갈 때 늘 다니는 길이 있다면 다른 길로 바꿔 보고, 신발을 오른발부터 신는 습관이 있다면 왼발부터 신어 보고, 바지부터 입고 윗옷을 입는다면 윗옷을 입은 후 바지 입어 보는 등 이래도 그만 저래도 그만인 습관을 바꾸어 보는 것입니다.

물론 제가 든 예 중에는 사람에 따라 '나는 저건 바꾸기 어려운데…….'라고 생각하는 것들이 있을 것입니다. 그럼 굳이 그것부터

할 필요는 없습니다. 본인이 생각하기에 쉬운 것을 찾아서 바꿔 보면 됩니다. 사람에 따라 쉬운 것과 어려운 것은 다르니 누굴 따라하거나 눈치 볼 필요는 결코 없습니다. 중요한 것은 '특정한 것을 바꾸는 것'이 아니라 '무엇이든 일단 바꿔 보는 것'입니다. 그러므로 자기 습관 중에서 부담없이 바꿀 수 있는 것을 찾아서 뭐든지 바꿔 보면 됩니다.

이렇게 바꿔 하기를 위해 나를 자세히 관찰하다 보면 의외로 내가 고정된 패턴대로 움직인다는 사실을 발견할 수 있을 것입니다. 그게 편리해서이든, 하다 보니 그렇게 된 것이든 습관은 한번 형성되면, 아주 사소한 것까지도 그 습관대로 움직이게 됩니다. 그리고 1단계 바꿔 하기를 실제로 해 보면, 원래 있던 습관을 내가 원하는 대로 바꿀 수 있음을 알게 될 것입니다. 무심코 행하던 수많은 습관들이 '고정 불변의 진리'가 아니라 '내 의지에 따라 변화 가능한 것'임을 자각하게 되는 것입니다.

이것이 중요합니다. '내 습관은 내가 원하면 내가 원하는 대로 바꿀 수 있다.'라는 사실을 자각하는 것이 중요합니다. 습관에 내가 끌려 가는 것이 아니라 내가 습관을 좌지우지함을, 내가 습관의 주인임을 자각하는 것이 중요합니다. 이렇게 내가 원하는 대로 습관을 바꿀 수 있다는 자신감과 자각이 생기면 이제 2단계 바꿔 하기를 시도합니다.

2단계 바꿔 하기

2단계 바꿔 하기에서는 조금 어려운 습관을 대상으로 바꿔 하기를 시도합니다. 내게 스트레스 주는 습관을 바꾸는 시도를 하는 것입니다. 스트레스 중에서 아주 심한 것은 3단계로 미루고, 2단계 바꿔 하기에서는 '바라보기에서 다룬 정도의 스트레스'를 주는 습관을 바꾸는 시도를 하면 됩니다.

바라보기에서 이미 들었던 예를 다시 들어 살펴보면, 속이 차서 맥주만 마시면 설사를 하니, 맥주를 좋아하기는 하지만 장腸을 위해 비교적 따뜻한 술인 소주로 바꾸고, 춘장을 잘 소화시키지 못해 자장면만 먹으면 배가 아팠으니 비록, 일 주일에 한두 번은 자장면을 먹을 정도로 좋아하긴 하지만 다른 밀가루 음식인 짬뽕이나 칼국수로 습관을 바꾸고, 긴장을 많이 해서 부장하고 업무 이야기만 하고 나면 머리가 아팠으니, 비록 윗사람하고는 말을 잘하지 않지만 술자리나 식사 자리 등 편한 자리에서 적극적으로 대화를 시도해, 평소에 미리 친근감을 형성하는 등 기호나 성격과 관련되어 있어 바꾸려면 어느 정도의 의지가 필요한 습관을 바꾸어 보는 것입니다.

　기호나 성격과 관련된 습관을 바꾸는 일은 쉽지 않습니다. 그것이 비록 사소하더라도 바꾸려면 의지와 끈기와 용기가 필요합니다. 만약 2단계 바꿔 하기를 바로 시도한다면 힘도 많이 들고, 성공률도 그다지 높지 않을 것입니다. 하지만 1단계 바꿔 하기에서 충분한 연습을 해서 내가 원하는 대로 습관을 바꿀 수 있다는 자신감과 자각을 얻었다면, 힘도 적게 들고 성공률도 높을 것입니다. 그만큼 습관을 바꾸어 본 경험과 할 수 있다는 자신감 및 자각은 중요합니다.

　만약 잘 안 되는 것이 있다면 굳이 그것에 매달릴 필요는 없습니다. 3단계로 미루어 놓고, 우선 비교적 잘되는 것만 바꾸어 나가면 됩니다. '내 뜻대로 바뀌는 것이 거의 없네.'라는 생각이 들 경우에는 다시 1단계로 돌아가서 연습을 더하면 됩니다.

　절대로 서두를 필요는 없습니다. 지금까지 그렇게 살아왔음을 알았으니 이미 한 발 진보한 것이고, 변화를 시도하는 중이니 또 한 발 진보한 것이고, 한두 가지라도 변화에 성공했으니 또다시 한 발 진보한 것입니다.

　중요한 것은 속도가 느리든 빠르든 계속해서 성장해 나간다는 점입니다. 괜히 조급한 마음으로 서두르다가 그것 때문에 스트레스를 받을 필요는 없습니다. 스트레스는 줄이고 만족감은 늘리기 위해 바꿔 하기를 시도하는 것인데 이것 때문에 스트레스를 받는다면 그야말로 모순입니다. 자칫 좌절감으로 포기할 수도 있습니다. 그러므로 서두르지 않고 차근차근 나아갈 때 더 빨리 더 멀리 갈 수 있다는 생각으로 꾸준히 노력하는 것이 좋습니다.

3단계 바꿔 하기

3단계 바꿔 하기에서는 내게 큰 스트레스를 주는 습관을 대상으로 바꿔 하기를 시도합니다. 1단계 바꿔 하기와 2단계 바꿔 하기에서 다루지 않았던 강력하고 큰 것들이 대상입니다. '뿌리 캐기에서 다룬 정도의 강한 스트레스'를 주는 습관을 바꾸는 시도를 하는 것입니다.

뿌리 캐기에서 이미 들었던 사례 중 놀이 기구를 전혀 못 타는 남자의 경우를 다시 한 번 살펴보겠습니다.

과거의 기억 이외에는 자신이 놀이 기구를 무서워할 이유가 전혀 없다는 걸 이해하고, 이 사실을 자신에게 충분히 납득시킨 남자는 아들과 함께 놀이동산에 가기로 결심합니다. 가까운 휴일이 돌아오자 과감하게 놀이동산으로 출발합니다. 놀이동산이 가까워질수록 점점 불안해집니다. 단단히 각오를 하고 출발했지만 예전의 기억이 점점 강해지고, 두려움이 커지니 멀미까지 하는 것 같습니다.

어느새 차는 놀이동산에 도착하고, 심호흡과 함께 다시 한 번 각오를 다진 남자는 자유이용권을 구입합니다. 기뻐하는 아들과 함께 첫 번째 놀이 기구 앞에서 차례를 기다리는 동안 심장은 강하게 요동칩니다. 아들에게 들키지 않으려 짐짓 태연한 척하지만 벌써 얼굴은 자신도 느낄 정도로 상기되어 있습니다. 혼잣말로 '지금 나는 몸이 아프지도 않고 멀미를 하지도 않았고 어린아이도 아니다. 나는 놀이 기구를 타는 수많은 다른 사람들과 마찬가지로 건강한 성인이다.'를 되풀이합니다. 벌써 열 번째가 넘습니다.

드디어 차례가 됩니다. 안전벨트를 매는 손이 떨립니다. 심장은 여전히 요동칩니다. 그런데 반대로 의식은 차분하게 가라앉습니다. 마지막으로 다시 한 번 혼잣말을 해 봅니다. 미처 끝나기도 전에 놀이 기구가 출발합니다. 놀이 기구가 빠른 속도로 움직이는 동안에도 흥분감으로 떨리는 몸과는 달리 의식은 차분하고 명료합니다. '이러다가 심장이 터질지도 모르겠다.'라는 생각을 하는 순간 놀이 기구가 도착지에 멈추어 섭니다. 몸의 흥분은 가라앉는데 이번에는 반대로 의식이 흥분합니다.

'하하하, 드디어 해냈다. 막상 해 보니 별것 아니구나.'

해냈다는 뿌듯함과 만족감이 솟아오릅니다.

그는 이런 과정을 대여섯 번 더 겪은 후에야 비로소 다른 보통 남자들처럼 여유 있게 놀이 기구를 탈 수 있었습니다.

아버지나 아버지 연배의 남자들하고 이야기할 때 쉽게 평정을 잃는 남자도 마찬가지입니다. '지금 나는 아버지를 무서워하던 그때의 그 아이가 아니다. 지금 나는 어린 시절 내가 무서워하던 아버지의 나이가 되었고, 아버지는 연세가 들어 노인이 되셨다. 지금 내게 아버지는 전혀 무서운 존재가 아니다. 그리고 아버지 연배의 다른 남자들은 내 아버지가 아닐 뿐 아니라 모두 노인들이다. 무서워할 이유가 전혀 없다.'라는 말을 반복해서 자신에게 들려주었지만, 막상 실제 상황에 부딪히면 여전히 심장은 쿵쾅거리고 얼굴은 붉어졌습니다. 예전과 마찬가지로 쉽게 당황했던 것입니다.

하지만 그때마다 '괜찮아. 난 어른이야.'를 속으로 되뇌이며 끝까지 침착함을 잃지 않으려 노력했습니다. 그 결과 당황하기는 했지만 말을 더듬지는 않았고, 시간이 지나자 당황하는 횟수와 강도가 현저히 줄었습니다. 이런 과정을 30번도 더 겪은 후에야 비로소 남자는 동료 직원들이 대하는 것과 마찬가지로 아버지나 아버지 연배의 남

현명한 사람은 모든 것을
과거를 탓하지 않고,
미래를 생각해 안달하지도 않고,
일과 시기에 적절하게 응하여
마음속에 찌꺼기를 남기지 않는다.

- 장자 -

자들을 대할 수 있게 되었습니다.

　이처럼 강한 스트레스를 주는 습관은 고치기가 어렵습니다. 뿌리가 깊기 때문입니다. 만약 3단계 바꿔 하기를 바로 시도한다면 힘만 많이 들고, 성공률은 대단히 낮을 것입니다. 하지만 1단계 바꿔 하기와 2단계 바꿔 하기에서 충분한 연습을 해서 내가 원하는 대로 습관을 바꿀 수 있다는 자신감과 자각을 얻었다면, 충분히 시도해 볼 만합니다. 스스로 강해졌기 때문입니다.

　만약 잘 안 되는 것이 있다면 굳이 그것에 매달릴 필요는 없습니다. 다른 것부터 먼저 해 보고, 다른 것도 안 된다면 다시 2단계로 돌아가서 연습을 더하면 됩니다.

　절대로 서둘러서는 안 됩니다. 상대는 내 몸과 마음에 깊숙이 뿌리를 내린 놈입니다. 잘못하면 혹 제거하는 데 성공한다고 해도 나까지 다치는 수가 있습니다. 살살 달래 가며 서서히 내보내는 것이 좋습니다. 강력한 힘으로 단번에 내보낼 수 있다면 금상첨화겠지만 그렇게 안 되는 경우가 많습니다. 그러니 끈기와 의지와 용기를 가지고 꾸준히 시도하는 것이 중요합니다.

　만약 3단계 바꿔 하기에서 뜻대로 습관이 잘 바뀐다면, 이제 마지막인 4단계 바꿔 하기를 시도할 때입니다.

4단계 바꿔 하기

원래 원고에는 4단계 바꿔 하기가 없었습니다. 3단계까지만 소개해도 충분하다고 생각했기 때문입니다. 1단계와 2단계는 어느 정도의 의지만 있어도 가능하지만 3단계 바꿔 하기를 성공하려면 단호한 의지와 굳센 용기와 간절한 노력이 있어야 됩니다. 따라서 3단계만 성공해도 대단한 열정을 쏟아 부은 것이라 더 이상의 단계를 제시하기가 미안하기도 했습니다. 그리고 3단계만 성공해도 실제 생활에서 받던 많은 스트레스가 조절되고 이에 비례하여 즐거움과 만족감이 충분히 증대되므로, 더 이상의 단계를 제시할 필요를 못 느꼈던 것입니다.

그런데 초고 탈고 후 교정 단계에서 마음이 바뀌었습니다. 이왕 쓰기 시작한 책이니 아는 만큼 모두 소개하는 쪽이 도리라는 생각이 들었기 때문입니다. 그래서 4단계 바꿔 하기를 소개합니다만 굳이 이 단계를 시도할 필요는 없습니다. 힘겹다면 3단계 바꿔 하기를 시도하는 것만으로도 충분합니다. 이 점을 전제로 지금부터 4단계 바꿔 하기를 소개하겠습니다.

4단계 바꿔 하기에는 별명이 있습니다. 그 별명은 '꿈의 단계', '성인聖人의 단계'입니다. 내 몸과 마음의 습관을 자유자재로 조절하여 모두가 꿈꾸는 단계이기 때문에 '꿈의 단계'라는 별명이 붙었고, 내가 주인으로서 생각과 감정을 자유롭게 조절할 수 있어야 도달하는 단계이기 때문에 '성인의 단계'라는 별명이 붙었습니다. 물론 그렇다고 해서 성공이 불가능한 단계는 아닙니다. 3단계보다 간절함이 더 필요할 뿐입니다. 간절함만 있으면 충분히 성공할 수 있습니다.

3단계와 4단계는 강력한 스트레스를 주는 습관을 대상으로 바꿔하기를 시도한다는 점에서는 같습니다. 다만 3단계는 개인 상념에서 유래된 습관을, 4단계는 공통 상념에서 유래된 습관을 대상으로 한다는 점에서 차이가 있습니다. 예를 들어 놀이 기구를 못 타는 남자나 나이 많은 남자와 이야기할 때 말을 더듬는 남자는 자신의 개인 경험 때문에 그렇게 된 것인데, 이런 것을 개인 상념에서 유래된 습관이라고 합니다. 즉 3단계는 비교적 개인이 갖는 독특한 습관을 대상으로 합니다.

반면 예컨대 돈이 없을 때 스트레스를 받는 것은 대부분의 사람이 갖고 있는 습관인데, 이런 것을 공통 상념에서 유래된 습관이라고 합니다. 즉 4단계는 대부분의 사람이 갖는 공통 습관을 대상으로 합니다.

구체적인 예로 돈에 관한 것을 들어 보겠습니다. 소위 중산층이라 불리는 대부분의 사람은 돈 때문에 많은 스트레스를 받습니다. '그래도 번듯한 집에 냉난방기 다 갖추어 놓고 살면서 밥은 굶지 않잖아?'라고 생각하는 사람은 별로 없습니다. 더 큰 집 마련 계획, 자녀 교육비 준비, 자녀의 결혼 자금 준비, 자신들의 노후 자금 준비 등의 이유로 늘 돈 걱정입니다. 그저 돈만 있으면 모든 문제가 해결되고 행복하게 살 수 있을 것 같습니다. 언제나 돈 문제가 묵직하게 가슴에 걸려 있는 것입니다.

평범한 직장인이자 가장인 A씨 역시 마찬가지입니다. 가진 것이라고는 집 한 채뿐이라 자녀 교육비 준비, 자녀의 결혼 자금 준비, 노후 자금 준비 등으로 돈 문제가 항상 가슴에 무겁게 걸려 있습니다. 그러던 어느 날 문득 A씨에게 '어, 걱정한다고 달라지는 것도 아닌데 내가 왜 돈 때문에 걱정을 하지? 걱정해 봤자 스트레스만 받지 아무것도 득 될 것이 없잖아?'라는 생각과 함께, '도대체 언제부터 돈 걱정을 하며 스트레스를 받아 온 것일까?'라는 생각이 들었습니다.

곰곰이 생각해 봤지만 돈 걱정을 하며 스트레스를 받는 이유도, 받기 시작한 시점도 알 수 없었습니다. 거의 본능에 가까울 정도로 깊이 밴 것이라 처음엔 이것도 '습관의 일종'이라는 생각조차 할 수 없었습니다. 하지만 평소 집요한 성격의 A씨는 이 문제에 끈질기게 매달렸고, 한 달 만에 이런 결론을 내렸습니다.

'돈이 없으면 살기에 불편하다. 따라서 충분히 모아 두지 않으면 미래에 궁색하고 불편하게 살 가능성이 높다. 이것은 사실이다. 만약 이 사실을 모른다면 돈을 벌지도 저축하지도 않을 것이고, 그렇게 되면 앞으로 고생할 가능성이 높다. 그러므로 돈이 더 있어야 한다는 욕구는 바람직한 것이다.

문제는 이 욕구 때문에 스트레스를 받는다는 것이다. 스트레스에서 벗어나고 욕구 충족을 위해 더 열심히 노력한다는 긍정적 측면이 있기는 하지만 좀 과한 면이 있다. '돈' 하면 자동으로 스트레스를 받을 정도이고, 또 늘 마음속에서 떠나지 않을 정도이니까 사실은 조금이 아니라 많이 과하다.

그런데 잘 생각해 보면 돈을 많이 벌라고 말한 사람은 있었지만 돈 때문에 스트레스 받으라고 말한 사람은 한 명도 없었다. 설사 스트레스 받으라고 말한 사람이 있다고 해도 받고 안 받고는 순전히 내게 달린 문제이다. 이 모든 과정은 내 마음속에서 이루어지는 것이기 때문이다. 지금까지는 돈 문제가 나오면 저절로 걱정을 하며 스트레스를 받았지만, 내가 마음만 먹는다면 설사 돈이 부족한 것이 사실이라고 해도 '응, 돈이 부족하구나. 더 벌어야겠네.'라고 단순 정보로 이용하고 스트레스는 받지 않을 수도 있는 것이다.

　이렇게 스트레스를 받지 않도록 습관을 들이면, 나중에는 지금과는 반대로 돈 문제에 관한 한 스트레스를 받지 않게 할 수도 있을 것이다. 아무리 사람들이 돈 때문에 걱정을 하고 스트레스를 줘도 그걸 내가 내 마음속에서 허용하지 않으면 아무런 스트레스가 되지 않는 것이구나.'

　결국 A씨는 몇 개월간 강한 의지로 끈질기게 노력한 끝에 돈에 관한 모든 스트레스를 조절할 수 있게 되었습니다.

　몇조, 몇천억을 가진 부자도 아닌 사람이 돈에 관한 스트레스를 조절할 수 있다는 것이 어쩌면 믿어지지 않을 수도 있습니다. 그렇다면 위의 글을 얼굴이나 몸매 때문에 스트레스를 받는 여성 이야기나 키가 작아 스트레스를 받는 남성의 이야기로 바꾸어 읽어 보세요. 돈보다 더 가능성이 있어 보이시나요? 어떤 사람은 돈에 관한 스트레스는 조절해도 외모에 관한 건 조절할 수 없다고 생각할 것이고, 어떤 사람은 외모에 관한 스트레스는 조절해도 돈에 관한 건 조절할 수 없다고 생각할 것입니다.

　여기서 분명한 건 모두에게 다 똑같을 것 같은 돈이나 외모에 관한 스트레스도 사람에 따라 받는 정도차가 있다는 사실입니다. 그렇다면 타고난 바나 혹은 노력 여하에 따라 현저하게 적게 받는 사람도 있고, 아예 스트레스를 조절할 수 있는 사람도 있지 않을까요?

4단계 바꿔 하기는 돈이나 외모 외에도 사업의 성공과 실패에 관한 스트레스, 병이나 죽음의 공포에 관한 스트레스, 결혼에 대한 스트레스 등 대부분의 사람들에게 공통적으로 강력한 스트레스를 주는 습관을 대상으로 바꿔 하기를 시도합니다. 경우마다 조금씩 차이는 있겠지만 공통되는 원칙은 이렇습니다.

'모든 사람이 자동으로 스트레스를 받는 것이라 하더라도, 혹은 모든 사람이 내게 스트레스를 준다고 하더라도 스트레스를 받고 안 받고는 전적으로 내게 달린 문제다. 내가 내 속에서 스트레스를 허용하지 않으면 스트레스는 생길 수가 없다.'

'특정 사안에 대해 늘 스트레스를 받는 것은 일종의 습관이다. 다른 습관들처럼 이 습관도 바꿀 수 있다.'

이렇게 4단계 바꿔 하기를 마음먹은 대로 할 수 있는 사람은 가히 '성인聖人'이라 불러도 되지 않을까요? 그렇다면 우리도 바꿔 하기를 통해 성인이 되어 보는 것이 어떨까요?

쓰다듬기

남녀가 사귈 때 어느 정도 가까워지면 손 잡는 것을 시작으로 육체적 접촉을 시도합니다. 엄마 역시 아기의 볼을 만진다든지 등을 쓰다듬는다든지 뽀뽀를 한다든지 하며 자주 육체적 접촉을 합니다. 이처럼 스킨쉽은 사랑하는 사람들 사이에 자연스럽게 일어나는 동작입니다. 바라보기 등 몇 가지 과정을 거쳐 이제 나와의 사랑도 어느 정도 진행되었습니다. 나와도 스킨쉽을 나눌 때가 된 것입니다.

이렇게 자신을 만져 줌으로써 '나 사랑'을 구체적으로 실천하는 것을 '쓰다듬기'라고 합니다. '쓰다듬기'의 특징은 지금까지 살펴보았던 다른 방법들에 비해 몸에 초점이 많이 맞추어져 있다는 것입니다. 그래서 현재 몸에 불편한 곳이 있거나 건강 증진에 관심이 많은 사람들에게 특히 좋은 방법입니다. 이 점을 염두에 두면서 쓰다듬기의 두 종류인 손으로 쓰다듬기와 의식으로 쓰다듬기를 차례대로 살펴보도록 하겠습니다.

손으로 쓰다듬기

한의학의 주요 치료법 중 하나인 침의 원리는 이렇습니다. 특정 경혈을 자극하면 중추 신경계인 뇌가 반응하여 병변 부위를 정상으로 돌리라는 지시를 내리고 이 지시대로 내분비계, 말초 신경, 근육, 혈관 등이 반응하여 몸이 회복됩니다. 뇌의 지시 없이 자극받은 부위 근처의 국소 신경이 알아서 회복을 진행하는 경우도 있습니다. 여기서 중요한 것은 '자극'에 반응한다는 것입니다.

『동의보감』을 비롯한 각종 의서에는 "식후 배를 문지르면서 산책을 하면 건강에 아주 좋다."라는 내용이 수록되어 있습니다. 배를 문지르며 산책하는 행위가 위장 기능을 활성화시켜 소화가 잘되게 해 준다는 의미입니다. 또 어린 시절 배가 아플 때 한 번쯤 겪어 보았던 '엄마손 약손' 경험도 있습니다. 아주 심한 경우를 제외하고, 엄마가 따뜻한 손으로 정성껏 배를 만져 주면 대부분의 복통은 호전됩니다. 두 경우 모두 침처럼 강한 자극을 주지 않더라도 해당 부위를 손으로 만져 주는 것만으로도 효과가 있는 것입니다.

이외에도 머리가 아플 때나 다리가 아플 때 손으로 눌러 주거나 톡톡 두들겨 주면 증상이 호전되는 경험을 누구나 해 보았을 것입니다. 이 역시 원리는 침과 마찬가지로 자극받은 부위의 회복을 위해 뇌 혹은 국소 신경계가 작용한다는 것입니다. 쓰다듬기는 여기에 근거하여 만들어진 '나 사랑' 법입니다.

방법은 간단합니다. 아픈 부위를 손으로 정성껏 어루만지는 것입니다. 가령 무릎이 아프면 무릎을, 허리가 아프면 허리를, 간이 안 좋으면 간 부위를, 위장이 안 좋으면 위장 부위를 정성껏 어루만지고 쓰다듬어 주는 것입니다. 한 가지 주의할 사항이 있다면 손이 따뜻해야 한다는 것입니다. 평소 손이 차다면 양 손바닥을 비벼서 충분히 따뜻하게 만든 후 해당 부위를 만지는 것이 좋습니다. 그리고 손 전체로 만지는 것도 좋지만 손바닥 한가운데 부위를 중심으로 해당 부위를 마사지하는 것이 가장 좋습니다. 정성껏 만지다 보면 어느새 몸의 불편이 많이 가셔 있을 것입니다.

의식으로 쓰다듬기

의식으로 쓰다듬기는 손이 닿지 않는 부위에 불편이 있을 때 사용하는 방법입니다. 이 방법 역시 간단합니다. 아픈 부위에 의식을 집중한 채 부드럽게 만져 주는 상상과 증상이 개선되는 상상을 하면 됩니다. 신기한 것은 직접 손을 대지 않아도 어느 정도 효과가 있다는 것입니다. 추측컨대 특정 부위에 의식을 집중하면 특히 그 부위의 건강 회복을 위해 몸이 더 많은 노력을 하는 것 같습니다.

그런데 의식으로 쓰다듬기는 손이 안 닿는 부위에만 사용하는 것이 아니라 손으로 쓰다듬기를 할 때 병행하는 경우가 많습니다. 텔레비전을 보거나 다른 사람과 말을 하면서 할 때보다는 의식을 해당 부위에 집중한 채 손으로 쓰다듬을 때 효과가 더 큽니다.

또 몸이 아니라 마음을 대상으로 하는 경우도 있습니다. 과거의 상처로 고통 받는 마음이나 미래의 불안으로 안절부절못하는 마음을 '그래, 많이 힘들었겠구나.', '그래, 불안하지? 하지만 괜찮을 거야.'라는 식으로 계속 도닥거려 주는 것입니다. 조금만 익숙해지면 마음의 불편을 더는 데 많은 도움이 됩니다.

이상으로 쓰다듬기에 대해 살펴봤습니다. 건강에 문제가 있는 사람은 회복을 위해, 건강에 문제가 없는 사람은 건강 증진을 위해 쓰다듬기를 많이 활용하길 바랍니다.

채워 주기

누군가를 사랑할 때는 그 사람이 원하는 것을 해 주는 것이 큰 기쁨입니다. 받는 사람은 받아서 행복하고 주는 사람은 주어서 행복합니다. 나와 사랑을 할 때도 마찬가지입니다. 주는 나는 주어서 행복하고 받는 나는 받아서 행복합니다. 이처럼 원하는 것을 해 줌으로써 나를 기쁘고 행복하게 해 주는 것을 '채워 주기'라고 합니다.

방법은 간단합니다. 최대한 내가 원하는 것을 충족시켜 주면 됩니다. 경제적 여건, 시간적 여건 등 상황이 허락하는 가장 큰 선에서 내게 베풀면 됩니다. 먹고 싶은 것 먹여 주고, 입고 싶은 것 입혀 주고, 보고 싶은 것 보여 주고, 쉬고 싶은 대로 쉬게 해 주고, 가고 싶은 곳 가게 해 주는 등 원하는 것을 최대한 들어주면 됩니다.

물론 카드 빚내서 돈 쓰라는 뜻도 아니고, 근무 시간에 마음대로 다니라는 뜻도 아니며, 가족을 팽개치고 혼자 편한 대로 하라는 뜻도 아닙니다. 주어진 여건 내에서 최대한 활용하라는 말입니다.

잘 살펴보면 내게 허락된 것조차도 제대로 못 쓰는 경우가 많습니다. 가령 말랑말랑하고 큰 복숭아가 먹고 싶어도 백도 한 개가 5천 원이라면 비싸서 선뜻 사 먹지 못합니다. 그러면서도 술값이나 옷값, 휴대 전화 값은 많이 씁니다. 술값이나 옷값, 휴대 전화 값으로 쓰는 돈 만 원 아껴서 복숭아 2개를 사 먹으라는 뜻입니다. 푹 쉬고 싶어서 일찍 퇴근하고서도 컴퓨터나 비디오 보느라 몸과 마음을 피곤하게 합니다. 잠깐 여유를 느낄 정도로만 컴퓨터나 비디오를 즐기고, 나머지 시간은 뒹굴거리면서 몸과 마음에 이완과 휴식을 주라는 뜻입니다.

이렇게 하나씩 하나씩 내가 원하는 것을 채워 주다 보면 어느새 나의 삶은 즐거움과 만족감으로 가득해질 것입니다.

허용하기

행복한 연애 생활을 하다가도 막상 결혼을 하고 나면 많이 싸우는 경우가 흔히 있습니다. 제 주변에도 깨소금이 쏟아져야 할 신혼 초에 오히려 자주 싸운 부부가 많습니다. 그런데 싸운 이유가 참 별 것 아니었습니다. 사소한 습관 차이로 충돌해서 싸움이 일어나는 것이었습니다. '알고 보니 사기꾼이었다. 혹은 도박꾼이었다.' 등의 큰 이유가 아니라 '왜 신고 난 양말을 세탁기에 넣지 않느냐?', '왜 샤워를 자주 안 하느냐?', '왜 자고 난 이부자리 정리를 안 하느냐?', '왜 아침밥을 안 주느냐?', '왜 전화를 오래 하느냐?' 등의 사소한 이유가 대부분이었습니다. 다 좋은데 사소한 몇 가지 때문에 싸우는 것입니다.

좋아서 더 같이 있고 싶고, 더 행복해지고 싶어서 결혼해 놓고 '다 좋은데 그것 때문에 싸운다.'라고 말하는 것은 뭔가 잘못된 것이 아닐까요? '다 좋으니까 그 정도는 허용한다.'라고 해야 맞지 않을까요?

나와의 관계에서도 마찬가지입니다. 찾아보면 장점이 많은데 유독 단점만 보며 자신을 싫어하고 미워하는 경우가 많습니다. 특히 반복해서 잘못을 저지르거나 자신의 특정 성향을 고치려 해도 원하는 대로 잘 안 고쳐지는 경우, '아, 정말 내가 싫다.', '아, 내가 정말 밉다.'라고 말하는 경우가 많습니다. 잘못한 일 때문에 스트레스 받고, 잘못한 자신을 자학하느라 또 스트레스 받는 경우가 많은 것입니다.

이럴 때 '그래, 또 잘못했네. 하지만 이번에 반성하면 저번보다 한 번 더 반성한 것이니 다음번에는 달라지겠지.'라거나 '아, 이건 안 고쳐지려나 보다. 괜히 스트레스 받으며 고치려 하기보다는 그냥 개성이려니 하고 살아야겠다.'라는 생각으로 나의 잘못을 허용하면 한결 마음이 편해지고 스트레스도 감소됩니다. 이처럼 나의 부정적 면도 있는 그대로 인정해 주는 것을 '허용하기'라고 하며 '수용하기', '포용하기'라고도 합니다.

물론 허용하기를 자기 합리화에 이용해서는 안 됩니다. 타인에게 큰 스트레스를 주는 성향이라면 고쳐야 합니다. 식사하면서 트림을 꺼억꺼억 하거나 술만 마시면 주정을 한다거나 한밤중에 텔레비전 소리를 크게 틀어 놓는 등의 버릇이라면 고쳐야 할 것입니다. 하지만 예쁜 여자만 보면 나도 모르게 한 번 더 쳐다보게 된다든가, 맥주 한잔 사 달라는 후배를 뿌리치고 집에 와서 닭 한 마리와 맥주를 시켜 혼자 배불리 먹는다든가, 정말 친구와 술 한잔하고 싶은 날은 사장님 회식이라고 아내에게 거짓말을 하고서라도 친구와 술을 마신다든가, 안 해야지 안 해야지 하면서도 야한 사이트에 접속한다든가, 파격 할인을 한다는 말을 듣고 마트에 달려갔다가 정신 차리고 보니 원래 예상보다 많이 사 버렸다든가, 텔레비전에서 불량 식품 업자에 대한 뉴스만 나오면 흥분한다든가 하는 정도라면, '아, 또 이렇게 해 버렸네. 정말 난 구제불능이야. 싫다 싫어.'라고 생각하기보다는 '음, 또 이렇게 해 버렸네. 하지만 이왕 해 버린 것 할 수 없지. 다음번에는 조심해야겠다. 그런데 만약 다음번에도 또 반복하면 어떡하지? 어떡하긴 뭘 어떡해? 또 다음번을 기약하거나 그냥 그러려니 하고 살면 되지, 뭐.'라는 정도로 생각하는 편이 좋다는 말입니다.

"어, 그럼 단점이 안 고쳐지잖아요? 좀 이상한데요."라며 단점을 보고도 그냥 넘어가라는 말을 이상하게 여길 수도 있습니다. 하지만 단점에 초점을 맞추면 단점이 부각되어 내 몸과 마음이 부정적으로 흐를 가능성이 많고, 반대로 장점에 초점을 맞추면 장점이 부각되어 내 몸과 마음이 긍정적으로 흐를 가능성이 많습니다. 그래서 사소한 단점은 그냥 허용하고 넘어가라는 것입니다. 단점을 그냥 흘려보내야 장점에 초점을 맞출 수 있기 때문입니다. 내겐 이런 사소한 단점은 애교로 넘길 수 있을 정도로 큰 장점들이 많습니다.

이처럼 허용하기의 밑바탕에는 나에 대한 강한 자신감과 믿음이 있습니다. 믿음이 있어야 내게 관대해질 수 있습니다. 자기 자신을 믿고 사소한 단점은 눈감아 주세요. 그러다 보면 오히려 단점은 줄어들고 장점은 커져 있을 것입니다. 당연히 만족감과 행복감도 따라 커져 있을 것입니다.

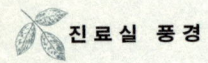 진료실 풍경

건강하고 싶으면 건강해질 행동을 하세요.

 30대 후반의 직장 여성 M씨는 소변이 자주 마렵고, 소변을 봐도 시원하지 않으며, 아랫배가 묵직하면서 불편한 증상 때문에 내원하였습니다. M씨는 진료실에 앉자마자, "방광염을 여러 번 앓은 적이 있는데 이번에 또 재발한 것 같아요. 그동안 발병할 때마다 양방 진료를 받았어요. 그때마다 치료는 잘되었는데 자꾸 재발해서 이번에는 근본 치료를 하려고 한방으로 왔어요. 재발하지 않게 잘 좀 치료해 주세요."라고 말하였습니다.

 진찰을 다 마치고 나서 저는 "현재의 증상은 제가 잘 치료할 수 있습니다. 하지만 재발을 막기는 어려울 것 같습니다. M씨께서 부지런히 병을 만들고 계시니까요."라고 솔직하게 말했습니다.

 "네, 제가 병을 만든다고요?"

 황당하다는 듯 되묻는 M씨에게 저는 차분한 어조로 설명을 했습니다.

 "M씨는 직장에서 업무를 볼 때, 하던 일이 있으면 그 일의 한 매듭이 끝날 때까지는 아무리 소변이 마려워도 참으시잖아요? 소변이 마려우면 화장실에 가는 것이 자연스러운 일인데 부자연스럽게 억지로 참으니 당연히 몸에 부자연스러운 현상이 나타나지 않겠어요? 그러니까 방광염은 M씨가 하신 부자연스러운 행동의 결과인 겁니다. 그래서 M씨가 부지런히 만들고 계신 것이라고 말씀드린 겁니다."

이해가 간다는 듯 고개를 끄덕거리며 M씨가 말했습니다.

"그렇군요. 사실 저도 그게 나쁜 영향을 미칠 것이라고 짐작은 했어요. 그런데도 그게 잘 안 고쳐지더라고요. 일을 매듭짓지 않고는 왠지 불편해서 자리에서 일어나지지가 않아요. 아무리 급해도 '여기까지 하고 화장실 가야지.'라고 생각한 부분까지는 일을 마쳐야 일어설 수가 있어요. 가끔은 아랫배가 아플 때까지 소변을 참다가 가는 경우도 있어요."

"네. M씨만 그런 게 아니고 의외로 그런 분들이 많으세요. 계획했던 부분까지 일을 마무리하고 참았던 소변을 볼 때의 시원함과 뿌듯함이 크신가 봐요. 하지만 그것도 어느 정도지 이렇게 방광에 무리가 갈 정도까지 소변을 참는다니 의사로서 참 안타까워요. 일하는 건물에 화장실이 없는 것도 아니고, 누가 강제로 못 가게 하는 것도 아니고, 소변을 보고 오면 하던 일이 없어지는 것도 아니잖아요? 그런데 도대체 왜 방광염에 걸릴 정도까지 소변을 참으면서 일을 하는 걸까요?"

"……."

"아무리 생각해도 뭔가 합리적인 이유가 없으시죠? 맞아요. 내세울 만한 합리적인 이유가 있을 수가 없어요. 굳이 이유를 찾는다면 '그냥 그렇게 하는 것이 내게 만족을 주리라는 근거 없는 강박적 생각' 때문이라고 할 수 있겠죠.

잘 생각해 보세요. 내가 억지로 소변을 참고 일한 결과가 뭐예요? 결국 병이라는 불편한 결과로 돌아오잖아요? 그럼 참을 때는 참느라고 힘들고, 참고 나면 병이 생겨 힘들고, 도대체 그게 언제 내게 만족감을 주나요? 물론 참았던 오줌 누는 동안 잠시 시원함과 뿌듯함을 주기는 하겠죠. 하지만 그건 그야말로 잠시잖아요? 그 잠시의 시원함과 뿌듯함 때문에 억지로 소변을 참고 일한다는 건 정말 너무 비효율적이지 않아요? 너무 비상식적이지 않아요? 일종의 자해라는 생각 안 드세요?"

저의 말이 질책하는 것으로 들려 기분이 상했는지 M씨는 약간 짜증 섞인 어투로 말했습니다.

"그건 저도 알아요. 방광염으로 고생할 때마다 '앞으로는 소변 마려우면 바로 보러 가야지. 화장실 다녀와서 일해야지.'라고 결심해요. 실제로 얼마간은 그렇게 했고요. 하지만 얼마 지나지 않아 다시 '여기까지만 일하고 화장실 가야지, 여기까지만 일하고.' 하게 되는 걸 어떻게 해요? 누군 소변 참는 게 안 좋은 줄 몰라서 그러는 줄 아세요?"

저 역시 약간 강한 어조로 대꾸했습니다.

"안다고 말씀하시지만 사실은 모르시는 거예요. 사람은 정말 알면 변하게 되어 있어요. 그러니까 M씨는 소변 참는 게 몸에 안 좋은 줄 모르고 계신 거예요. 더 정확히 말씀드리면 '방광염이 주는 불편함'보다 '소변 참고 일하기가 주는 만족감'이 더 크다고 착각하고 계신 거예요.

길은 딱 두 가지에요. 지금처럼 하고 싶은 대로 소변을 참고 일하시다가 주기적으로 방광염에 걸려 고생하시든지 아니면 습관을 바꾸시든지. 뭘 선택할지는 M씨 마음대로 하세요."

말을 마치자 아차 싶었습니다. 사소한 습관 하나만 바꾸면 건강하게 지낼 수 있는데 그러지 못해 반복해서 동일한 질병으로 고생하고, 그러면서도 "습관을 못 바꾸겠는데 어떻게 하란 말이에요?"라고 따지듯 묻는 모습을 보고 저도 모르게 강하게 말해 버렸기 때문입니다. 내원객이 선택한 습관과 행동이 의사의 눈에 아무리 안타깝고 속상하게 보이더라도 의사는 침착하게 내원객을 건강의 길로 안내해야 하는데, 이날은 그만 정 그러고 싶으면 그냥 마음대로 하고 계속 아프라는 식의 무책임한 말을 해 버렸던 것입니다.

아니나 다를까 저의 말이 기분 나빴던 모양입니다. 저의 말이 끝나자마자 자리에서 일어난 M씨는 냉랭한 목소리로, "어차피 여기서 치료받아도 재발할 거라면 굳이 여기서 치료받을 필요가 없겠네요. 지금까지 다녔던 병원에 가서 치료 받을게요."라는 말을 남기고 진료실 밖으로 나가 버렸습니다.

혼자 남겨진 저는 앞으로는 내원객에게 더욱더 부드럽고 차분하게 말해야겠다고 다짐하면서도 '소변 마려울 때에도 지금처럼 미련 없이 벌떡 일어나서 화장실로 가면 될 텐데…….'라는 생각이 자꾸만 떠오르는 것을 멈출 수 없었습니다.

마음을 스승으로 삼아야 한다.
마음을 귀히 여겨 밖에서
스승을 구하지 말라.
마음을 스승으로 삼으면
진정한 지혜의 법을 얻을 것이다.

- 『법구경』

인디언 기우제처럼

　지금까지 살펴본 일곱 가지 이외에도 여러 가지 방법들이 더 있습니다. 예를 들어 분노를 다스리는 데 효과적인 '누워 있기'라는 방법이 있습니다. 화가 날 때마다 드러눕는 것입니다. 분노는 바깥으로 발산되는 동적인 기운입니다. 그래서 분노가 일어날 때는 벌떡 일어나거나 몸을 앞뒤로 흔들거나 주먹을 휘두르게 되는데, 이는 내면에서 일어난 기운이 몸을 움직이게 하기 때문입니다. 이 과정을 반대로 하는 것이 바로 '누워 있기'입니다. 몸을 정적으로 만듦으로써 내면의 기운을 가라앉히는 것입니다.

　분노가 일어나면 그냥 눕습니다. 처음에는 답답해서 일어나고 싶을 것입니다. 하지만 분노를 다스리고 싶다면 계속 누워 있으세요. 시간이 흐를수록 답답함이 가라앉으면서 분노 역시 사라질 것입니다. 부부 싸움을 할 때도 마찬가지입니다. 싸움이 시작되면 "자, 이제 우리 누워서 싸웁시다."라고 말하고 나란히 누우세요. 벌떡 일어나서 큰 소리를 지르고 싶어도 계속 누워서 싸우세요. 기운이 가라앉으면서 곧 분노가 가라앉고 싸움 역시 멎을 것입니다.

　이처럼 더 많은 방법들이 있지만 바라보기, 뿌리 캐기, 대화하기,

바꿔 하기, 쓰다듬기, 채워 주기, 허용하기의 일곱 가지 방법만으로도 충분하다고 생각하기 때문에, 더 이상 세세한 것들은 소개하지 않겠습니다. 대신 끝으로 인디언 기우제 이야기를 할까 합니다.

한 인디언 마을이 있었는데, 이 마을 사람들이 기우제를 지내면 반드시 비가 내렸습니다. 아무리 심한 가뭄이 들어도 기우제를 지내면 반드시 비가 온다는 사실을 전해 들은 한 백인이 이 마을을 찾아갔습니다. 그는 인디언을 만나자마자, "어떻게 하길래 당신들이 기우제를 지내면 비가 옵니까?"라고 물었습니다. 그러자 인디언은 당연한 걸 왜 묻느냐는 표정으로 대답하였습니다.
"우리는 비가 올 때까지 기우제를 지내거든요."

인디언들이 언젠가는 비가 오리라는 믿음을 가지고 기우제를 계속 지내는 것처럼, '나도 내 삶을 건강하고 행복 가득한 것으로 만들 수 있다.'라는 강한 믿음을 가지고 '나 사랑' 법을 꾸준히 실천한다면 실제로 그렇게 됩니다.

내가 간절히 원하면 적어도 내 삶은 내가 원하는 대로 만들어 갈 수 있습니다. 모든 사람이 나에 대한 믿음을 가지고 내 삶의 내용물을 내가 원하는 대로 채워 가길 진심으로 바랍니다.

나를 사랑하다

1판 1쇄 발행 2007년 9월 17일
1판 2쇄 발행 2007년 11월 14일

지은이	백진웅
발행인	박근섭
펴낸곳	민음사출판그룹 (주)황금나침반

출판등록	2005. 6. 7. (제16-1336호)
주소	서울 강남구 신사동 506 강남출판문화센터 4층
전화	영업부 (02)515-2000 / 편집부 (02)514-2642
팩시밀리	(02)514-2643
홈페이지	www.gdcompass.co.kr

값 10,000원

ⓒ 백진웅, 2007. Printed in Seoul, Korea

ISBN 978-89-92483-21-6 03810